趋势创新高战法

揭幕者 著

山西出版传媒集团
山西人民出版社

图书在版编目（CIP）数据

趋势创新高战法 / 揭幕者著. -- 太原：山西人民出版社，2017.9
ISBN 978-7-203-09697-9

Ⅰ．①趋… Ⅱ．①揭… Ⅲ．①股票交易—基本知识 Ⅳ．①F830.91

中国版本图书馆CIP数据核字(2016)第184686号

趋势创新高战法

著　　者：揭幕者
责任编辑：崔人杰
复　　审：贺　权
终　　审：元荣亮
出 版 者：山西出版传媒集团·山西人民出版社
地　　址：太原市建设南路21号
邮　　编：030012
发行营销：0351-4922220　4955996　4956039　4922127（传真）
天猫官网：http://sxrmcbs.tmall.com　电话：0351-4922159
E-mail：sxskcb@163.com　发行部
　　　　sxskcb@126.com　总编室
网　　址：www.sxskcb.com

经 销 者：山西出版传媒集团·山西人民出版社
承 印 厂：大厂回族自治县德诚印务有限公司

开　　本：710mm×1000mm　1/16
印　　张：13.5
字　　数：265千字
印　　数：1—6100册
版　　次：2017年9月第1版
印　　次：2017年9月第1次印刷
书　　号：ISBN 978-7-203-09697-9
定　　价：49.80元

如有印装质量问题请与本社联系调换

前 言
PREFACE

在牛市当中，我们发现多数股票都容易出现翻倍行情，而能够突破历史高位的牛股也非常容易见到。那么交易机会出现在价格飙升期间，特别是股价有效突破了历史高位的时候，股价上涨空间打开，我们买入股票有机会获得超额回报。实战当中，牛股都是从突破历史高位开始的，我们把握好价格突破的交易机会，牛市获得翻倍收益还是非常容易的。

当我们买卖股票的时候，很多投资者苦于不能买到牛股，又有一些投资者买到牛股却途中让牛儿跑了。为何会出现这种情况呢，关键还是投资者没有把握牛股的运行节奏和价格回升的潜力。特别是运用突破历史高位判断价格回升走势的时候，我们发现交易机会总是存在，关键是我们要适时适度地买入股票和持有股票。

关于买入股票的机会，牛市当中一定要把握好价格突破历史高位的盈利点。对于弱势股来讲，历史高位就是一个难以逾越的坎儿。我们买入股票以后，价格很容易在历史高位附近见顶，那么持股是不理智的。不过，对于牛股来讲，历史高位是一个新的起点，如果我们把握好建仓位置，是有利可图的。牛股突破历史高位的力度较大，突破以后能够惯性上涨。或者说，价格很容易在历史高位上方企稳，随着量能的放大和人气的回升，股价继续放量突破就指日可待了。

股价突破历史高位的过程有很多种，可以是不同的调整形态支撑的价格突破，当然也可以是一次性突破的走势。我们判断价格回升趋势的时候，免不了要根据价格表现来判断行情。并且，我们需要关注包括成交量、均线指标、价格趋势筹码形态以及主力资金在内的多种分析手段，准确判断交易机会。

实战当中，价格突破历史高位总是很多因素综合的结果。我们判断价格走向，也避免不了利用众多的因素判断价格运行规律。如果股价大幅回升并且突破历史高位，这可以是上市公司停牌后公布利好消息的结果。如果是利好消息公布，那么股票会连续出现一字涨停板走势，价格突破历史高位就不难了。而如果股价突破历史高位是资金流入、价格走势较强的一种表现，那么我们综合分析超大单资金流入和成交量等指标变化，就非常有必要了。

从操作效果来看，不同的创新高个股需要我们采取不同的策略，本书提供了我们需要的趋势线分析法、筹码分析法、指标分析法、超大单分析法、调整形态分析法、分时图分析法等。我们根据这些分析方式挖掘投资机会的时候，能够很好地把握价格走向，轻松获得投资回报。

典型的分析手法配合贴近实战的案例解读，我们精读书中内容，就能够获得稳定的投资回报。

目录
CONTENTS

第一章　创新高股票量价分析 …… 1

第一节　放量突破型 …… 3

第二节　缩量回升型 …… 6

第三节　渐进式突破型 …… 10

第四节　连续涨停突破型 …… 14

第五节　停牌后开盘涨停突破型 …… 17

第六节　涨停突破型 …… 21

第七节　天量拉升后缩量突破型 …… 24

第八节　除权个股天量创新高 …… 27

第二章　趋势线推动价格创新高 …… 31

第一节　趋势线上高位反弹形态 …… 33

第二节　地量探底回升趋势线下方 …… 36

第三节　标准的探底回升趋势线 …………………………………… 40

第四节　两次探底突破型 …………………………………………… 43

第五节　回升趋势线下方的超级缩量圆弧底 ……………………… 47

第六节　回升趋势线下方反转形态 ………………………………… 50

第三章　价格突破的筹码形态分析 …………………………… 55

第一节　高浮筹放量突破 …………………………………………… 57

第二节　筹码双峰支撑放量突破 …………………………………… 60

第三节　高换手率放量突破筹码峰 ………………………………… 64

第四节　主力获利丰厚突破 ………………………………………… 67

第五节　跳空突破超级筹码峰 ……………………………………… 71

第六节　超级筹码三峰支撑价格突破 ……………………………… 74

第七节　脉冲筹码支撑股价突破 …………………………………… 77

第四章　指标看价格创新高 ……………………………………… 81

第一节　ASR 回落脱离高浮筹形态 ………………………………… 83

第二节　MACD 创新高拉升均线发散 ……………………………… 86

第三节　HSL 处于超高位 …………………………………………… 89

第四节　RSI 强势超买突破 ………………………………………… 93

第五节　SSRP 单边回升创新高 …………………………………… 96

第六节　突破历史筹码单峰区域 …………………………………… 100

目录

第五章　从大单情况看价格突破　105

第一节　资金主力强势洗盘突破　107
第二节　资金主力强势介入的突破　110
第三节　砸盘后的拉升突破　114
第四节　资金主力稳定控盘的突破　117
第五节　大单强势流入的突破　120
第六节　资金主力平淡控盘的突破　124

第六章　突破前的调整形态分析　129

第一节　三角形的突破　131
第二节　矩形的突破　134
第三节　菱形的突破　138
第四节　喇叭口形的突破　141
第五节　圆弧底的突破　144
第六节　双底的突破　148
第七节　尖底反转的突破　151
第八节　头肩底的突破　154

第七章　分时图看历史高位突破买点　159

第一节　缩量突破买点　161
第二节　分时图放量反转买点　164

第三节　尾盘拉升介入买点 ······················· 167

第四节　跳空回升的买点 ························· 171

第五节　跳涨小十字星买点 ······················· 174

第六节　大幅跳空突破买点 ······················· 177

第七节　高位横盘追涨买点 ······················· 180

第八章　历史高位假突破卖点分析 ············· 185

第一节　无量冲高的卖点 ························· 187

第二节　十字星见顶卖点 ························· 190

第三节　尾盘拉升卖点 ··························· 193

第四节　脉冲放量拉升卖点 ······················· 196

第五节　不坚定涨停的卖点 ······················· 200

参考文献 ··· 205

后记 ··· 207

第一章

创新高股票量价分析

　　多数情况下，股票创新高走势都是在放量中实现的。即便短线没有放量，那么前期主力在放量期间收集了足够的筹码。随着股价不断接近拉升高位，我们发现突破总会实现。把握好交易机会，我们需要密切关注价格突破历史高位的交易机会。在股价有效突破了压力位的时候，我们把握好买入股票的机会，便能够盈利。

　　本章用八节内容讲解带量突破的情况。我们从涨停板突破入手，讲解不同情况下股价突破历史高位的交易机会，帮助投资者获得投资回报。

第一节　放量突破型

股价回升到历史高位附近，成交量呈现放大状态的时候，股价更容易突破历史高位。如果我们确认价格即将突破历史高位，必须关注量能放大的情况。通过 100 日等量线等判断量能稳定在等量线上方，那么股价上涨趋势可以延续，我们持股也能够继续获得收益。

突破阶段量价分析

在股价突破阶段，需要放大成交量，这是价格突破压力位的重要基础。而历史高位的压力较大，我们选择买入股票的时候，应该在成交量有效放大的时候开始。成交量越大，价格突破历史高位的力度越强，这种突破就显得更有意义。压力位的阻力虽然大，主力动用更大的资金拉升股价突破压力位以后，我们的盈利机会就出现了。价格有效突破历史高位以后，我们买入股票，可以继续获利。

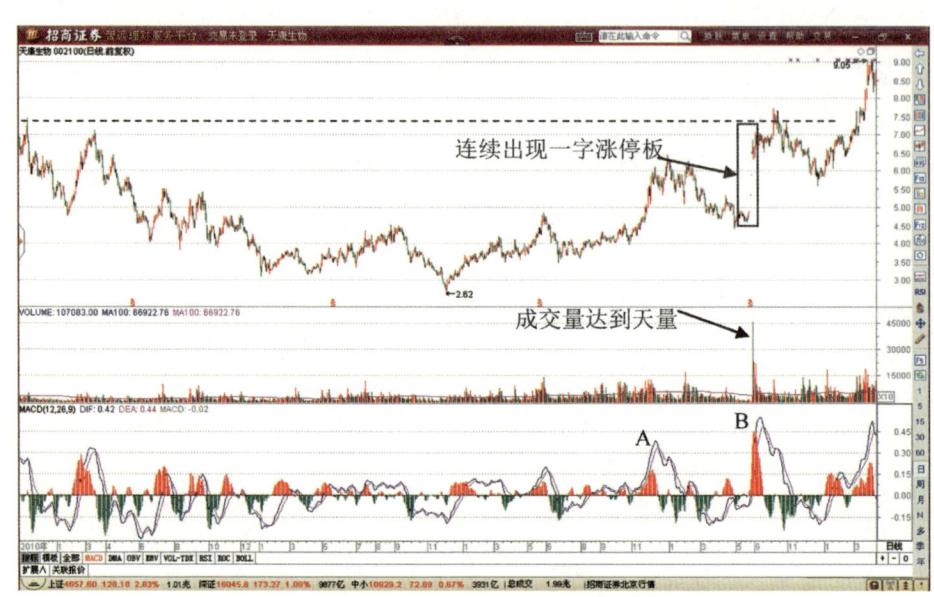

图 1-1 天康生物日 K 线图

实战要点：

1. 日 K 线图中，该股出现了明显的跳空上涨的情况。连续出现了一字涨停板以后，该股接近了历史高位。虽然股价还未突破历史高位，但是价格已经接近了高位的时候，抛盘充分做空的时候，该股二次回升具备了走强的基础。

2. 从成交量来看，图中显示的股价打开涨停板以后，成交量达到了天量状态，这是抛售压力增大的信号。前期大量套牢的投资者选择股价回升的时候做空，那么投资者的持仓成本向历史高位移动，这有助于价格突破历史高位。

3. 图中股价回升期间，价格曾经两次接近历史高位，而 MACD 指标中的 DIF 线也从 A 位置飙升至 B 位置，表明均线向上发散更加明显。

本段小结：当股价加速上行的时候，价格强势涨停接近历史高位，这将明显加速股价突破的节奏。在量价和指标配合较好的情况下，我们应该把握好交易机会，在价格突破过程中买入股票，可以获得收益。

突破期间交易机会解读

股价突破了历史高位的时候，一般会伴随着成交量放大。价格运行在比较活跃的状态下，股价突破历史高位就非常容易。我们在股价放量突破历史高位以后追涨，没有理由不盈利。历史高位盈利虽然较大，但是不能阻挡股价回升趋势。考虑到突破前股价已经出现了明显的涨停走势，那么接下来我们在股价突破以后追涨，就没有任何问题了。

由于历史高位压力较大，股价有效突破压力位前，总需要双向调整。这个时候，我们应该把握好价格调整的交易机会，在股价震荡并且突破历史高位期间，我们不断增加持股数量，为接下来股价上涨做好准备。价格多次试探历史高位压力位，我们会发现股价终究会企稳在拉升高位。随着量能放大，股价加速回升潜力将得到充分释放。

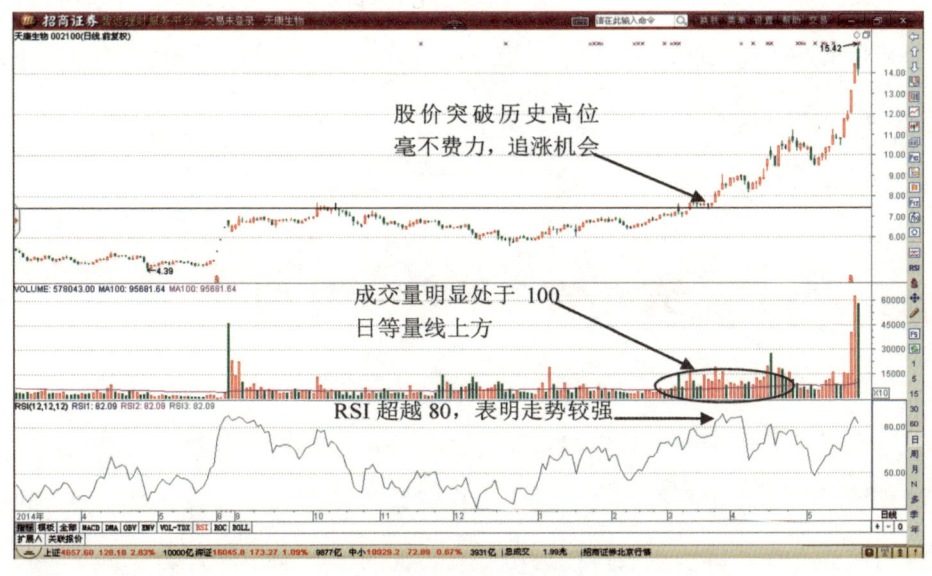

图 1-2 天康生物日 K 线图

实战要点：

1. 价格走势来看，该股震荡期间有效突破了历史高位。股价突破的过程并不复杂，价格回升至历史高位以后，经过短暂横盘就再创新高。可见，该股走势已经很强，股价继续回升并不困难。

2. 从成交量来看，量能稳定在100日的等量线上方，为股价上涨提供了强大支撑。100日等量线是成交量短期难以突破的位置，既然量能可以维持在高位运行，那么股价自然会出现明显的拉升行情。

3. 从RSI指标来看，12日的RSI指标已经明显达到80以上超买区域，这与股价突破历史高位同步出现，是价格有效突破压力位的表现。经过震荡以后，RSI指标依然能够稳定在高位运行，这显然是价格得以延续回升趋势的重要机会。

本段小结：从成交量来看，量能有效突破100日等量线。从指标来看，RSI指标在股价突破期间达到了超买的80上方。据此，我们可以得出股价有效突破的结论，接下来买入股票的时候，我们会继续获得收益。值得一提的是，股价放量突破历史高位越有效，那么今后价格更容易加速上涨。

第二节 缩量回升型

股价缩量回升的走势可以延续，这是主力完成建仓的结果。即便股价涨幅已经接近历史高位，考虑到主力投资者的持仓较多，股价继续回升的潜力依然存在。特别是股价接近历史高位的时候，缩量回升走势转变为放量突破形态，这是我们追涨的重要机会。一旦我们利用好股价突破的信号，持仓可以获得不错的收益。

突破阶段量价分析

在股价突破阶段，我们会发现价格出现了明显的缩量信号，但是股价依然能够突破历史高位。这是因为，股价以一字涨停的方式突破历史高位的时候，成交量是非常小的。场外投资者虽然想追涨买入股票，但是场内抛售股票数量有限，因此成交量也不会太大。

一字涨停板出现的时候，分时图中股价维持在涨停板价位，这是大量资金短线拉升的结果。成交资金虽然不多，追涨买入股票的资金却非常庞大。由于股价涨停以后大量资金未能成交，因此显示的成交量明显不足。但是，强大的委托买入资金表明股价上涨潜力惊人。一旦我们把握好这种一字涨停的交易机会，就能够获得较好的回报。

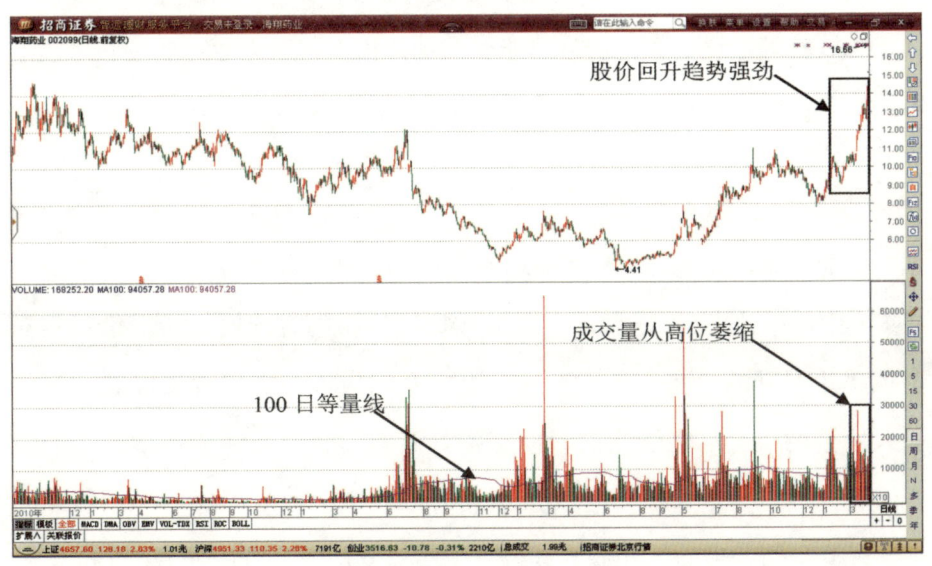

图 1-3 海翔药业日 K 线图

实战要点：

1. 从价格走势来看，图中显示该股明显处于回升趋势，但是价格接近拉升高位期间，成交量出现了萎缩的情况。这对于价格突破历史高位显然是不利的。但就是在这种情况下，该股以一字涨停的形式突破历史高位。不得不说，主力是有备而来的。

2. 图中成交量萎缩的时候，量能虽然萎缩，但是还未达到100日等量线下方，表明这种高位萎缩的成交量能够推动价格上涨。

3. 在股价接近拉升高位的时候，成交量处于100日等量线上方，但是开始萎缩，这依然能够促使股价上涨。如果主力投资者打算拉升股价大幅回升，这显然是个机会。量能处于100日等量线上方，这是该股成交量活跃的表现，也是价格能够继续走强的信号。

本段小结：在股价还未突破历史高位的时候，成交量密集放大是必不可少的。而海翔药业的日K线图中显示，虽然成交量开始萎缩，但是量能处于100日等量线上方，这显然能够推动价格上行。主力对该股做多热情不减，我们把握好买点的情况下，盈利空间还是有的。

突破期间交易机会解读

在股价突破期间，日K线图中表现出来的成交量是非常值得参考的。日K线图中的成交量越大，表明多方拉升价格的意图明显，股价更容易出现单边回升的走势。考虑到这一点，我们应该把握好价格突破期间的买入股票的机会。在恰当的时间把握好买点，我们就能够获得较好的投资回报。

随着行情的发展，我们发现价格走势异常活跃，以至于出现了一字涨停的情况。这显然是主力有备而来，开始放量拉升股价的结果。一字涨停板出现的时候，量能在开盘的集合竞价阶段就已经达到天量。股价涨停开盘以后，追涨买入股票的投资者疯狂，以至于卖盘资金根本不能使股价回落下来。

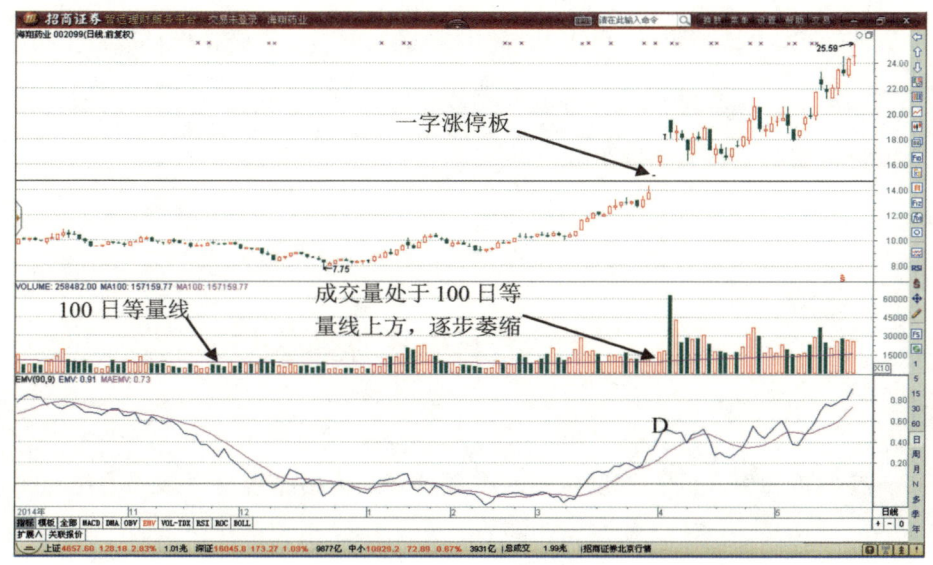

图 1-4 海翔药业日 K 线图

实战要点：

1. 日 K 线图中股价已经顺利涨停，该股以一字涨停板突破了拉升高位的时候，追涨的交易机会已经形成。价格突破非常有力度，该股突破以后能够惯性上涨。那么我们认为，历史高位的压力已经减弱，股价继续上涨的趋势因此得到了延续。

2. 从成交量来看，当一字涨停板打开以后，成交量出现了明显放大。在一字涨停板前，量能萎缩其实是主力完成建仓的过程。拉升股价涨停以后，量能放大是散户投资者追涨所致。该股活跃度较强，具备走强的基础。

3. 在成交量有效放大期间，图中 D 位置显示的 EMV 指标较高，对价

格上涨起到了很好的推动作用。如果我们能够在恰当的时间里追涨，那么接下来的盈利空间还是很大的。

本段小结：当成交量有效放大的时候，股价一字涨停是最大量能集中出现的结果。我们判断量能处于100日等量线上方，这必将推动股价上行。短暂缩量不改变股价长期回升的大趋势，因此该股突破历史高位以后，持股投资者依然能够大幅度盈利。

第三节　渐进式突破型

在股价回升期间，放量拉升的次数越多，价格越容易突破压力位。实战当中，我们能够发现股价可以轻松放量突破历史高位的压力区，这与前期股价放量回升有很大关联。频繁放量上涨以后，股价继续上涨的压力减轻，那么交易机会自然会出现。我们根据价格频繁放量回升的走势判断买点，就容易获得成功。

突破阶段量价分析

成交量有效放大的时候，将推动价格不断创新高，我们在价格突破历史高位前可以发现交易机会。股价突破历史高位的过程会经历几个阶段，特别是成交量放大的价格回升阶段完成以后，股价就能够顺利突破历史高位了。交易机会就出现在股价放量后短线回调的时刻。

典型的多次放量回升突破的情况是渐进式的突破走势，这种突破走势会经历多次放量回升，使得价格有效突破历史高位的压力区。我们如果能够把握这样的突破机会，也能够获得不错的回报。价格每次放量回升的时候，价格高位抛售资金自然成交，那么回升趋势更容易延续。股价放量回升次数不断增加，价格高位抛售压力逐步减轻，我们在这期间买入股票以后，就容易获利。

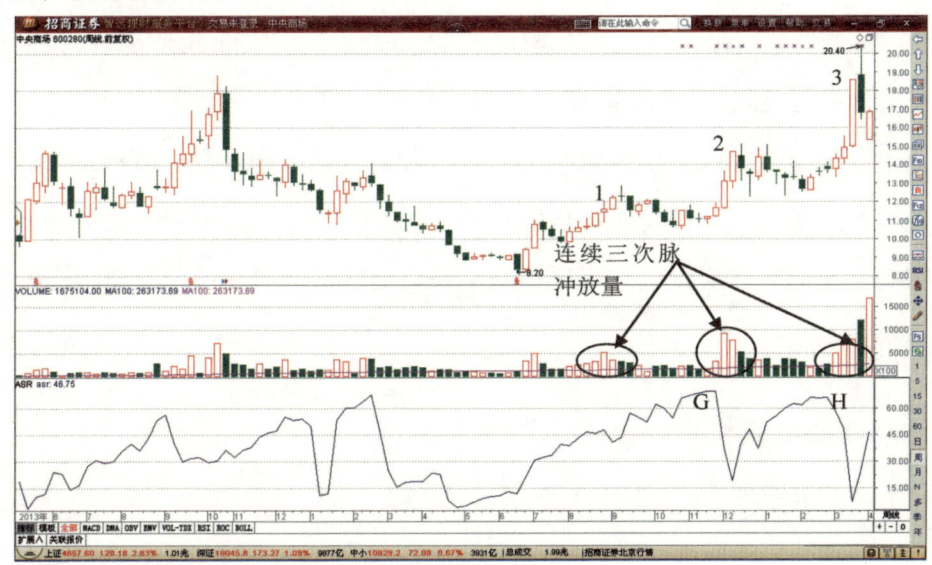

图1-5 中央商场周K线图

实战要点：

1. 从图中价格表现来看，图中显示的价格高位（图示1、2、3）三个位置的价格明显放量达到高位，但仅仅是短线高位。当股价缩量调整以后，再次反弹的时候股价依然能够再创新高。这样看来，股价回调期间我们有很多买入股票的交易机会。我们把握好建仓时机，股价突破价格高位期间我们就能够轻松获利。

2. 图中显示的股价连续三次回升，对应的成交量较大。这种突破了100日等量线的量能为价格突破历史高位创造了条件。三次放量之时，成交量一次比一次多，显示主力做多的热情很大。我们不难想象，这种量能推动价格突破前期高位的概率非常大。

3. 在价格放量回升期间，图中 G 位置和 H 位置的浮筹指标 ASR 一度达到 80 以上的区域，显示筹码在高位聚集。筹码不断向高位聚集，表明资金不惧价格高位运行，主动采取了加仓策略。而这个时候股价放量脱离浮筹区域，显示出多方力量还是比较强的，能够促使股价再创新高。我们持股的投资者自然有机会盈利。

本段小结：成交量连续三次明显放大的时候，显示股价渐进式突破的节奏逐步加快。一旦股价接近拉升高位，那么经过短暂回调就能有所突破。我们显然应该把握好这样的交易机会，适当增仓可以获得更高的回报。

突破期间交易机会解读

当股价渐进式放量回升的时候，价格越是接近历史高位，做空压力越强，股价回落概率也会更大。这个时候，真实的突破经常出现在主力奋力一搏的时刻。等待主力大量资金买入股票的时候，价格突破的概率才会很高。如果我们已经发现价格放量突破历史高位压力区，追涨期间便可获得投资回报。

渐进式回升以后，股价以涨停板方式突破历史高位，是比较典型的突破走势。如果这种涨停板是在开盘那一刻就已经出现，表明买涨资金足够多，使得股价轻松越过历史高位压力区。不过一字涨停的时候，我们没有机会追涨买入股票。但是我们判断股价还是会继续回升，接下来买入股票以后同样能够盈利。

实战要点：

1. 当股价在 A 位置接近历史高位以后，接下来的横盘调整是我们能够预测到的情况。该股虽然明显放量，却不能一次性放量突破历史高位。而

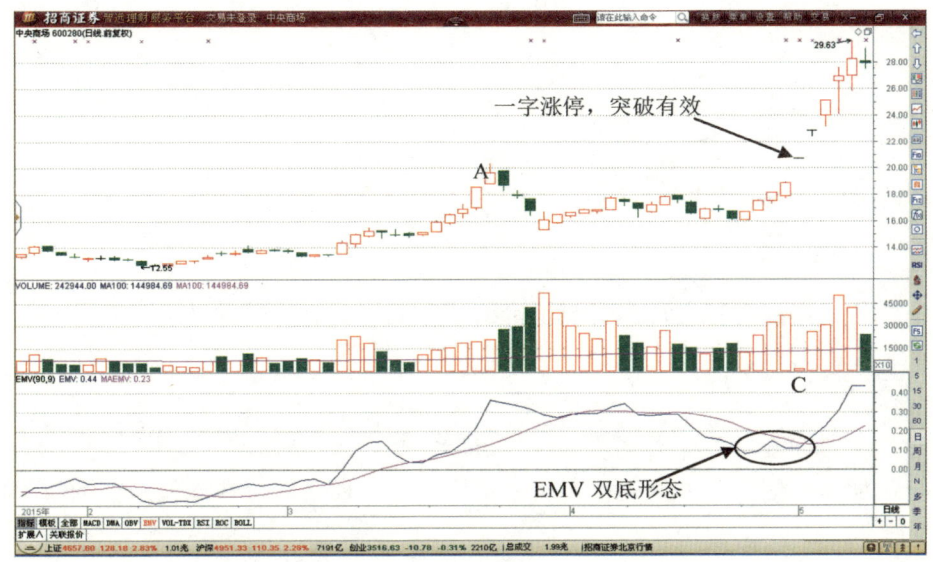

图 1-6 中央商场日 K 线图

调整结束后却以一字涨停板的形式突破历史高位，表明股价已经能够再创新高。

2. 一字涨停板出现的时候，图中 C 位置对应的成交量非常有限。这表明，买涨盘拉升股价的意图明显，而卖盘非常小，并未给散户投资者任何追涨买入股票的机会。

3. 从 EMV 指标的变化来看，前期该指标已经处于 0 轴线上方。图中指标虽然回调，却以双底形态结束调整，这是推动价格上涨的关键形态。当 EMV 指标处于 0 轴线上方的时候，已经表明主力在主动拉升股价，指标在 0 轴线以上冲高回落，完成双底反转的过程也是我们建仓买入股票的机会。

本段小结：通过分析股价的渐进式回升走势，我们发现价格已经连续出现了放量回升的动作。接下来盘中结束以后，股价在接近拉升高位的价位出现一字涨停板的突破走势，这是我们买入股票盈利的重要时机。一旦我们追涨成功，即便是在高位追涨，也同样可以获得收益。

第四节 连续涨停突破型

连续涨停走势出现的时候，价格惯性上涨的趋势得到加强。如果我们判断股价已经突破压力位，那么这种连续上涨的价格走势可以带来回报。连续突破以后，成交量已经明显放大，并且价格有效突破了压力位，这是行情加速的信号。如果股价突破了历史高位，那么股价在高位运行的时间会比较长。历史高位的抛售压力减轻以后，股价更容易大幅回升。

突破阶段量价分析

当价格走势比较强的时候，连续上涨以后股价还能够以一字涨停的方式上攻，推动价格突破历史高位。这个时候，股价走势已经非常强，突破以后容易出现回调的情况。不过压力位被突破以后，任何回调都为投资者创造了不错的追涨机会。

涨停板突破的力度越大，价格打开涨停板以后，成交量放大状况就越明显，这是追涨投资者和高位做空投资者的大笔资金同时成交，瞬间放大了成交量。量能放大以后，股价抛售压力得到释放，股价回调的过程中，还是会反弹上涨。拉升高位压力位逐步消失的时候，我们考虑在价格再次回调的时候介入，有机会获得较高的收益。

实战要点：

1.在股价放量回升的时候，连续出现的两个涨停板是价格突破历史高位的重要信号。接下来的时间里该股在放量过程中打开涨停板，并且出现了回调的情况。这是股价突破历史高位后正常的洗盘动作，洗盘结束后股

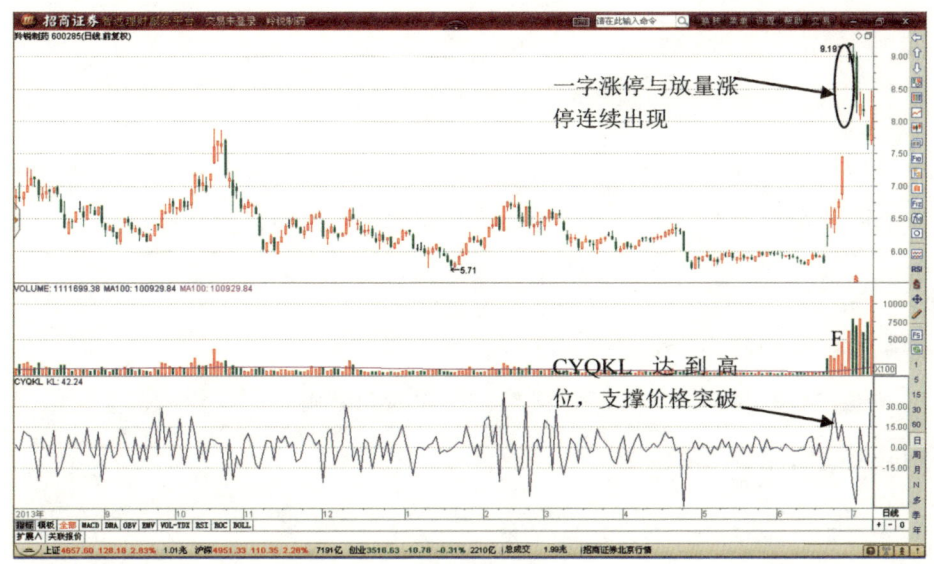

图 1-7 羚锐制药日 K 线图

价依然反弹上涨，我们就有机会介入并且获得收益了。

2. 从 CYQKL 指标来看，调整该指标明显回升，这是价格有效突破压力位的信号。该指标达到了高位 30 附近的时候，为股价进一步突破压力位创造了条件。大量筹码聚集区域被有效突破，股价可以在此期间获得强力支撑，并且加速上涨。

3. 从成交量来看，图中 F 位置的量能达到了天量，为推动价格上涨创造了很好的条件。股价得以继续上攻，没有量能放大是不可能成功的。我们判断该位的突破非常有效，接下来股价突破以后，便可以考虑在价格低点追涨了。

本段小结：总体看来，羚锐制药的价格走势还是比较强的，通过成交量的有效放大和价格连续拉升就能够得出结论。那么突破历史高位以后，我们在股价回调的过程中提高仓位，能够获得比较好的回报。价格突破以后还是会出现二次走强的情况，买入股票的机会显然不容错过。

突破期间交易机会解读

在股价冲高回落期间，我们发现价格回调的时候，可以抄底买入股票。股价回落的过程中，价格重新跌至历史高位下方，是我们趁机买入股票的机会。这个时候，价格处于短线低点，而多方拉升股价的热情不减。一旦我们快速介入，可以在价格反弹期间盈利。拉升高位被突破以后，股价回调之后还是能够二次反弹。当股价重新回到拉升高位上方的时候，便是我们获得收益的时刻。回升趋势很难在短时间内结束，而我们需要关注价格飙升期间的建仓交易机会。

当股价冲高回落以后，价格从历史高位上方回调下来，那么建仓机会就出现在股价重新跌破历史高位的时刻。这个时候，价格处于相对低点，而我们如果能够在量能无法继续萎缩的时候介入，等待股价的二次回升是依然可以盈利的。

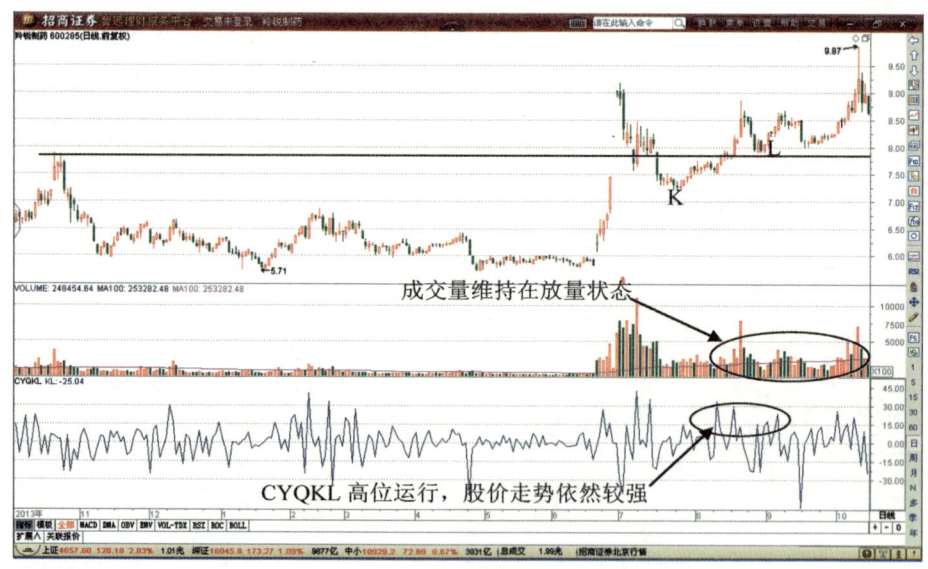

图1-8 羚锐制药日K线图

实战要点：

1. 从价格走势来看，该股突破历史高位以后明显回落，图中 K 位置是典型的价格低点抄底机会。如果我们在这个位置介入，自然能够获得比较好的回报。当然，接下来股价反弹以后，股价重新站稳历史高位，图中 L 位置则是我们二次买入股票的机会了。

2. 图中成交量显示，虽然股价冲高回落，但是后期量能依然处于高位运行。这样看来，该股走势还是比较活跃，那么反弹恰好就出现在这个阶段。如果我们把握好交易机会，是能够获得收益的。

3. 图中的 CYQKL 指标显示，到那个股价冲高回落以后，该指标依然出现了强势反弹的情况，这也为股价进一步上行提供了帮助。该指标处于高位运行，表明价格反弹之时大量筹码被突破。大量筹码处于盈利状态的时候，股价自然飙升。

本段小结：连续涨停突破以后，价格回升潜力得到快速释放。即便抛售压力增加，导致股价出现回调的情况，我们不要忘记股价回升趋势依然没有改变。等待价格回调以后，我们在低点介入，依然能够二次获利。

第五节　停牌后开盘涨停突破型

停牌结束以后股价开盘连续涨停突破历史高位，这是回升趋势延续的信号。如果一字涨停板已经打开，那么我们可以在接下来的时间里建仓。价格突破历史高位以后，投资者几乎全部盈利，那么价格继续上涨期间抛售压力减轻，股价惯性上涨的走势就会形成。

突破阶段量价分析

在股票交易中，我们发现个股中有很多会因为重大事件停牌。停牌时间有长有短，如果停牌期间股指回升，而个股停牌时间较长，那么复牌以后便可以出现补涨走势。补涨速度较快，股价多以一字涨停板的方式上攻。那么这个时候，我们应该把握好价格回升期间的买点，以便获得投资回报。

在股价连续一字涨停的时候，我们会发现机会就出现在价格突破历史高位的过程中。如果一字涨停板结束，股价以比较缓的速度回升的时候，我们将有机会介入。在一字涨停板期间，股价已经顺利突破历史高位，而打开涨停板以后，价格上涨的阻力减小，我们追涨买入股票的风险不高。由于抢筹的投资者较多，连续一字涨停板结束以后，股价还是会继续上升。

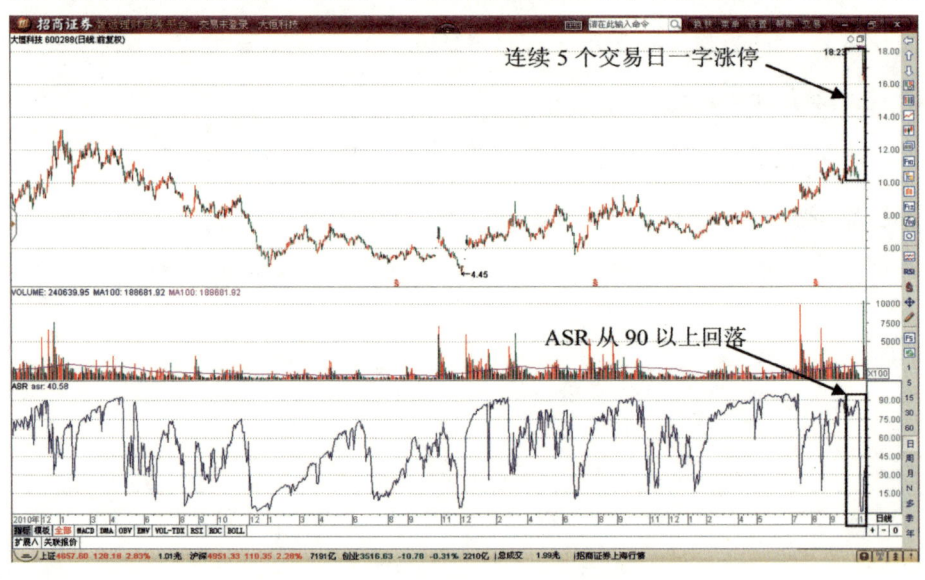

图 1-9 大恒科技日 K 线图

实战要点：

1. 从价格走势来看，该股无疑出现了连续一字涨停的情况。股价连续上涨空间较大，以至于我们没能把握好前期的买入机会，就错过了这次行情。不过这种价格连续突破的走势形成以后，价格突破历史高位，那么历史高位对应的压力便快速消失，该股还是会延续上升趋势。

2. 从成交量来看，该股一字涨停的时候，量能达到了地量状态，投资者惜售非常明显。随着行情的发展，该股自然延续了一字涨停的节奏，以至于股价能够顺利地突破历史高位。该股后续依然看涨。

3. 从浮筹指标 ASR 来看，该指标从高位的 90 附近迅速回落，这是行情发展到一定阶段的产物。浮筹指标从 90 以上回落，显示价格有效脱离筹码区域，使得大量投资者处于盈利状态。那么，股价大幅回升的情况自然得到延续。

本段小结：在很多情况下，我们发现停牌股票并不困难。这类股票停牌结束以后都以连续一字涨停的方式补涨。股价突破历史高位以后，我们可以在一字涨停板结束的时候买入股票，等待价格继续上涨带来收益。

突破期间交易机会解读

当价格顺利突破了拉升高位以后，打开涨停板的过程中，交易机会就很容易出现。我们可以在股价打开涨停板以后顺势买入股票。当然，也可以关注价格走势的同时，选择价格低点介入。如果拉升高位的支撑较强，并且股价能够在短线回调后再次企稳，我们选择价格继续回升的时候追涨，完全能够获得较好的回报。

股价连续一字涨停出现以后，持股投资者盈利丰厚。当一字涨停板首次打开的时候，盈利投资者大肆出货，导致大阴线形态出现。而接下来股价震荡运行期间跌幅不会太大，并且出现了反弹回升情况，那么我们可以在这个时候介入。价格调整却跌幅有限，表明股价突破历史高位以后能够继续上行。相比较一字涨停板的价格走势，股价回升趋势更加缓和，我们有更多的机会把握好买入股票的机会，并且在接下来的时间里盈利。

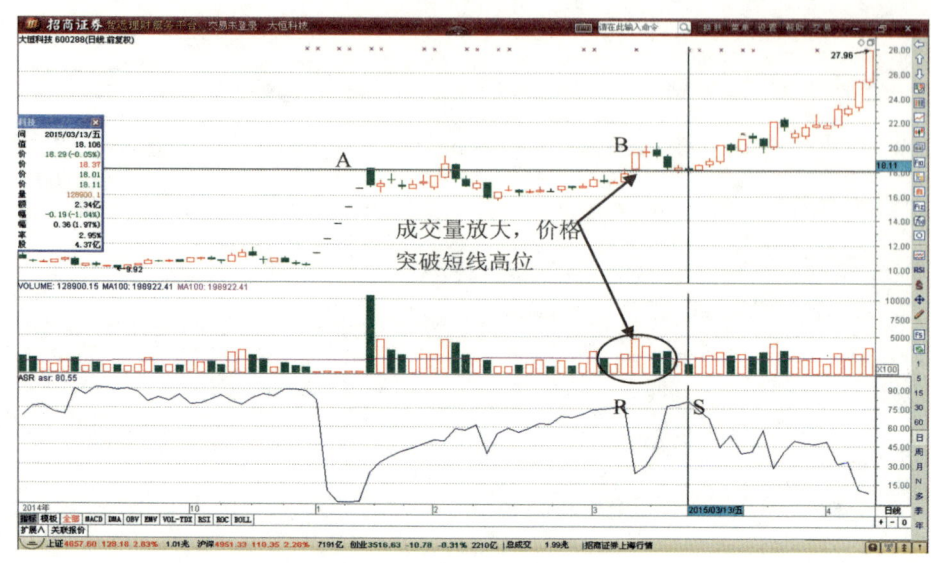

图 1-10 大恒科技日 K 线图

实战要点：

1. 从价格走势来看，该股打开一字涨停板以后，股价早已经处于历史高位上方。而这个时候，虽然股价横向调整，但是却跌幅有限，我们可以在股价二次回升的时候买入股票，等待价格继续回升的时候盈利。图中股价从 A 位置调整到 B 位置，持续两个月时间。那么 B 位置股价继续反弹的时候，交易机会还是比较好的。

2. 图中成交量明显放大的时候，我们发现价格在 B 位置的反弹是有量能支撑的。那么可以看出，该股可以放量脱离短线调整区域，后市股价自然再创新高。

3. 图中浮筹指标在 R 和 S 位置均处于高位运行，表明筹码较多。而价格短线回升后浮筹指标快速回落，显示价格突破力度较大。当股价进一步脱离高浮筹区域的时候，价格连续回升的阻力已经很小。

本段小结：一字涨停的股票中，我们判断打开一字涨停板后的调整走势中有介入机会，那么我们买入股票便可获得收益。实际上，当股价首次打开一字涨停板以后，抛售压力释放速度较快。场外投资者短时间内介入以后，价格走势还是比较强势。我们利用价格打开涨停板的调整机会买入股票，后期盈利空间自然打开。

第六节　涨停突破型

股价放量回升期间，如果成交量放大推动价格突破历史高位，那么放量涨停的价格走势非常值得关注。涨停突破历史高位以后，股价继续上涨的动力十足。我们判断趋势可以延续，追涨买入股票可以获得收益。当然，等待价格冲高回落以后再次买入股票，同样有机会盈利。

突破阶段量价分析

股价放量涨停突破历史高位，被认为是可靠的突破信号。如果涨停速度较快，成交量不高，表明抛售压力并不大。这个时候，价格突破的成功率就很大了。连续放量回升期间，成交来看只需要在短时间内放大，主力就能够拉升股价涨停。反映在日K线中，量能可以维持在100日等量线上方，却不是显著的放量阳线。

价格上涨速度较快，我们如果想要获得收益，必须在股价飙升期间追涨买入股票才行。股价放量涨停突破历史高位的时候，我们在价格上升阶段继续追涨，依然有机会盈利。当然，如果我们错过了这波行情，可以考虑股价回调期间继续建仓。历史高位被突破以后，压力就转变为支撑。如果股价冲高回落，就能够在拉升高位获得支撑，并且再次出现反弹走势。

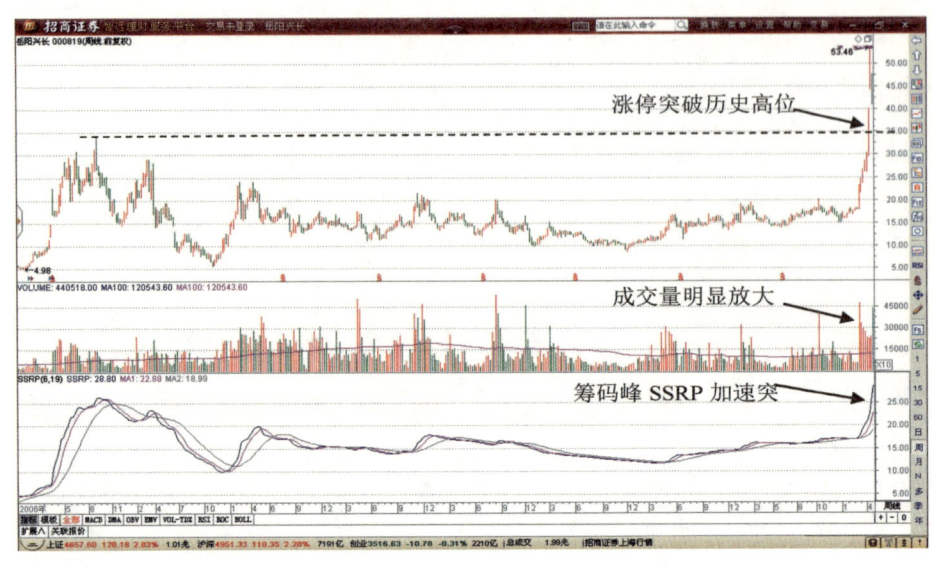

图 1-11 岳阳兴长日 K 线图

实战要点：

1. 日 K 线图中股价连续上涨，以至于出现了明显的高开涨停走势。涨停以后，拉升高位被顺利突破，这是股价强势回升的表现。我们可以在股价突破历史高位的时候追涨，短线来看，都能够获得收益。

2. 从成交量来看，该股放量回升期间，量能始终维持在 100 日等量线上方，这是价格能够继续上涨的重要推动因素。

3. 从 SSRP 指标来看，该指标连续加速回升，表明持仓成本正在迅速增长。该指标加速回升意味着投资者的总体持仓成本在回升当中，这有助于股价获得支撑并且继续上行。

本段小结：通过分析价格放量上涨的价格走势，我们可以很轻松地发现股价回升期间的追涨机会。当然，这种追涨风险还是有的，只是追涨机会不容错过。那么我们用少量资金介入，控制了风险的同时，还有机会获得短线收益。

突破期间交易机会解读

当股价放量回升以后，涨停板出现在历史高位附近，表明股价明显突破了压力位。这期间，我们能够追涨则追涨买入股票，否则可以在价格冲高回落的时候二次建仓。考虑到股价走势不容易出现逆转，那么我们在价格回调下来以后，紧跟着买入股票同样有利可图。

从选择点位上看，我们在拉升高位建仓，通常是没有问题的。股价突破历史高位以后，成交量放大表明抛售压力得到释放。价格再次回调历史高位，场外投资者买入热情增加，股价自然开始反弹。

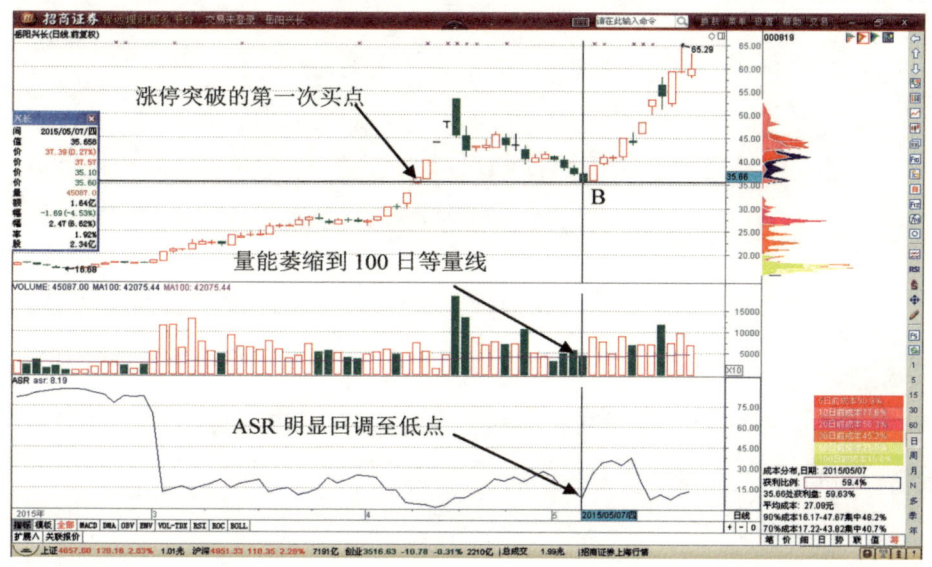

图1-12 岳阳兴长日K线图

实战要点：

1.日K线图中显示，股价冲高回落以后，价格回调至图中的B位置，该股跌幅还是较大的。不过考虑到B位置恰好是前期历史高位，价格再次回调至此，显然难以逆转回升趋势。那么B位置提供了较好的建仓机会，我们买入股票即可获得较好的回报。

2. 从成交量来看，当股价冲高回落的时候，成交量其实出现了明显的萎缩。不过，量能萎缩的进度并不明显。当价格达到 B 位置以后，萎缩量趋势结束。该股进入放量反弹阶段。

3. 浮筹指标 ASR 在股价回调期间达到低点，表明股价脱离了浮筹区域，这是价格再次看涨的重要机会。

本段小结：价格突破历史高位，从很多股票的运行情况来看都不是难事。当股价突破历史高位以后，冲高回落便是买点。行情总是在反复运行中延续，股价冲高回落后为场外资金提供了二次建仓的机会。

第七节　天量拉升后缩量突破型

天量成交量出现的时候，主力投资者在短线拉升的过程中完成建仓动作。虽然股价会冲高回落，但是在价格再次回升并且挑战历史高位的时候，我们发现量能萎缩，但是股价上行趋势未变。这个时候，我们买入股票以后，同样可以在价格突破历史高位的时候盈利。

突破阶段量价分析

在天量拉升股价以后，价格虽然短线冲高，却不一定能够突破历史高位。这是因为，短线放量拉升股价的时候，由于价格高位套牢盘较多，解套的散户投资者大量抛售股票，使得价格短时间内难以再创新高。那么我们等待股价回落以后继续看后期价格走势。会发现股价还是会二次回升，只是这一次的回升走势中成交量出现了萎缩。

为何成交量会出现萎缩的情况呢？因为前期天量拉升股价以后，大量套牢盘已经解套，而股价继续上涨的时候，由于投资者买入股票的成本距离当前价位接近，抛售压力并不集中体现在历史高位附近。那么股价就会在萎缩量回升期间突破历史高位。

把握这样的交易机会，我们首先应该发现价格天量上涨的走势。在天量冲高回落以后，价格二次回升期间，即便是看似缩量的回升走势，也能够突破历史高位。我们紧跟着追涨买入股票，自然能够获得收益。

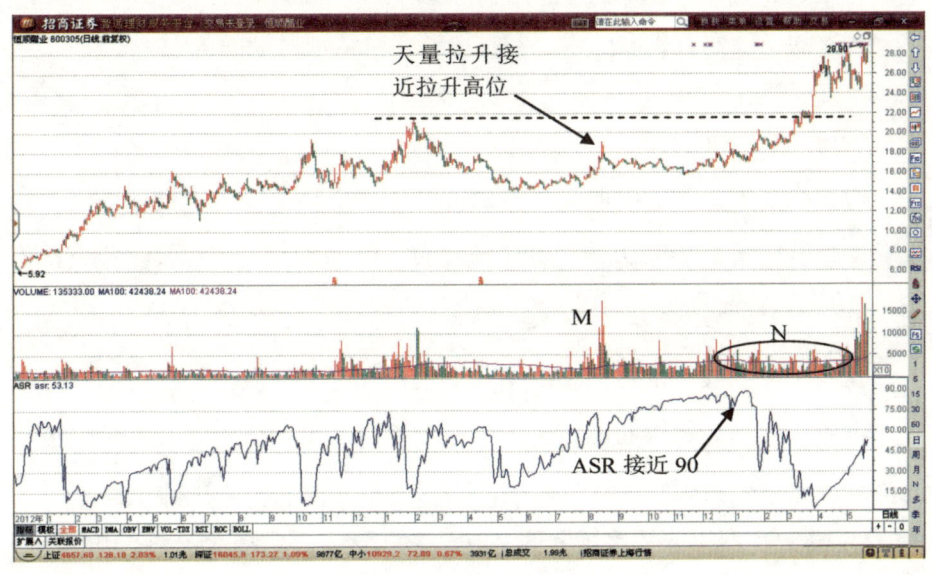

图1-13 恒顺醋业日K线图

实战要点：

1. 图中股价已经在快速回升期间接近拉升高位，但是该股并未一次性突破历史高位，而是出现了冲高回落的走势。在随后的交易中，股价震荡回调后继续反攻，并且有效突破了拉升高位的压力区。

2. 从成交量来看，量能在图中的M位置达到了天量程度，股价表现非常活跃。而接下来的N位置量能并不大，但是足以推动价格突破历史高位。可见，前期M位置的天量拉升已经使得抛售压力减轻，该股再次走强的时候轻松突破历史高位。

3. 从浮筹指标 ASR 来看，图中股价单边回升前，该指标从高位的 90 附近回落，显然是推动价格上涨的重要信号。浮筹指标回落的时候，是股价脱离筹码区域的信号，同时也是我们买入股票的重要机遇。

本段小结：当股价冲高回落以后，浮筹已经处于高位运行，这个时候不需要明显放量，股价就能够突破历史高位。这种天量出现以后的突破显然是有效的，我们有机会介入，并且能够在价格回升期间盈利。

突破期间交易机会解读

通常，如果股价没有明显放量涨停，那么价格突破历史高位期间，通常会伴随着调整走势。调整走势持续时间可以很短，为投资者短线出货提供了机会。当调整结束以后，成交量呈现出放大迹象，股价还是会再创新高。

我们应该把握好价格调整的建仓机会，在价格突破历史高位的过程中增加持股，这样盈利空间会更大。历史高位压力虽然较大，却不足以改变股价单边回升的趋势。从这一点来看，追涨买入股票还是有利可图的。

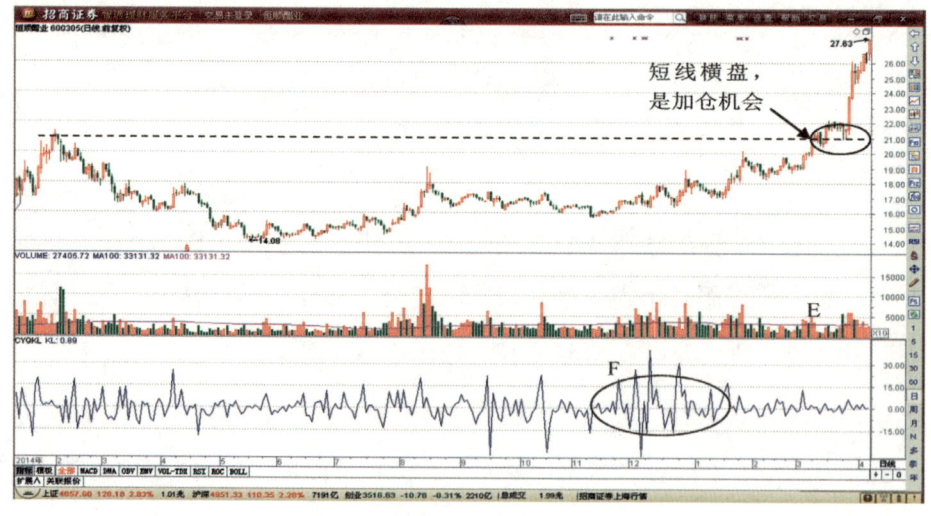

图 1-14 恒顺醋业日 K 线图

实战要点：

1. 在股价回升期间，我们发现该股的回升潜力较大，即便是历史高位附近，调整时间也是很短的。这样看来，我们买入股票以后，盈利的概率还是很高的。我们无须等待更长时间，只要在价格回升期间追涨，突破前的任何价位持股都是有利可图的。

2. 从成交量来看，在股价突破历史高位的时候，图中 E 位置的量能明显萎缩，表明价格缩量调整。这个时候，抛售压力并不大，投资者的观望氛围浓重。短暂缩量以后，价格很快便脱离历史高位，快速飙升 20% 以上。

3. 从 CYQKL 指标来看，该指标在图中 F 位置明显回升，表明价格突破力度较大。这期间，股价能够频繁调整短线高位压力区，并且突破了压力位，为价格回升提供了支撑。

本段小结：价格走势不温不火的时候，便是行情出现的最佳时机。主力放量建仓已经结束，转为缓慢的放量拉升股价。虽然看似没有更多的量能出现，却能够推动价格突破历史高位，这是我们需要关注的地方。

第八节　除权个股天量创新高

除权以后股价放量回升，那么价格突破调整形态的时刻我们可以买入股票。如果除权后价格复权期间回升速度较快，那么我们可以把握好价格反转后的买点，以便提升盈利空间。实战当中，价格突破三角形的调整形态是非常典型的突破信号，同时也是我们把握买点的交易机会。

突破阶段量价分析

在除权以后,个股价格上表现为明显的低价特征,这是很多除权个股上涨的重要因素。当成交量有效放大以后,除权股票往往表现为明显的强势特征。这期间,如果我们把握好买入股票的机会,有机会获得不错的投资回报。行情发展到一定阶段,价格总是会出现突破的情况。而除权股票的突破,往往是放量拉升的涨停走势。这种涨停走势连续出现,我们很容易获得高额回报。

除权个股突破历史高位的时候,我们可以从调整形态和突破信号来把握交易机会。价格总会突破压力位,而调整形态的压力位被突破以后,意味着股价短线上涨的阻力很快降低,连续飙升的价格即将出现。

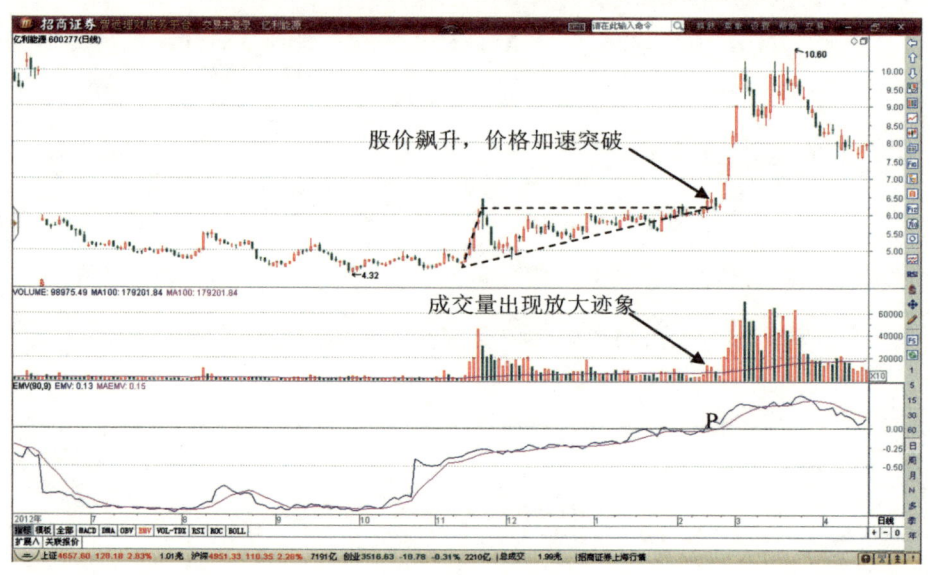

图 1-15 亿利能源日 K 线图

实战要点:

1. 图中价格突破三角形调整形态的时候,是股价飙升的起始形态。价格突破三角形上限的时候,我们可以考虑建仓了。压力虽然存在,但是量能放大期间,这种加速上行的走势毋庸置疑。

2. 从成交量来看，图中量能明显突破了 100 日等量线的时候，是价格上涨的重要信号。量能突破 100 日等量线，表明多方主动拉升股价，价格自然在图中形态上限加速回升。

3. 从图中的 P 位置来看，股价飙升前 EMV 指标已经调整到 0 轴线上方，这是股价加速回升的信号。如果我们能够买入该股，自然可以获利丰厚。

本段小结：买入股票在突破前的价格高位，是比较有效的盈利方式。这个时候，价格飙升速度较快，股价调整到位意味着主力有动力拉升股价。连续出现的涨停板走势，是最好的拉升形式。

突破期间交易机会解读

当股价放量回升以后，调整形态是我们必须关注的地方。因为股价走势很强，调整形态是唯一束缚股价创新高的地方，也是价格飙升前我们买入股票的位置。价格突破调整形态的时候，可以是偶然间出现的。只要这个时候出现了放量信号，我们就不能忽视这种情况。主力吸筹阶段，量能可以小幅度放大。而价格处于调整形态上方的时候，我们确认已经到了建仓价位。

在主力控盘较强的时候，调整形态中价格波动强度很高。股价按照三角形调整形态运行的时候，价格可以在三角形上限出现加速回升走势。看似简单的回升走势，被认为是比较好的建仓机会。

实战要点：

1. 该股完成了三角形调整形态的时候，图中股价涨停的位置，是我们快速建仓的追涨位置。该股飙升速度很快，但是却没有开盘涨停。如果我们早一些追涨，就有机会获利 30% 以上。

2. 从成交量来看，该股涨停期间量能持续放大，这是股价快速上涨的重要基础。量能快速放大为价格回升提供了帮助。只要量能放大趋势延续，

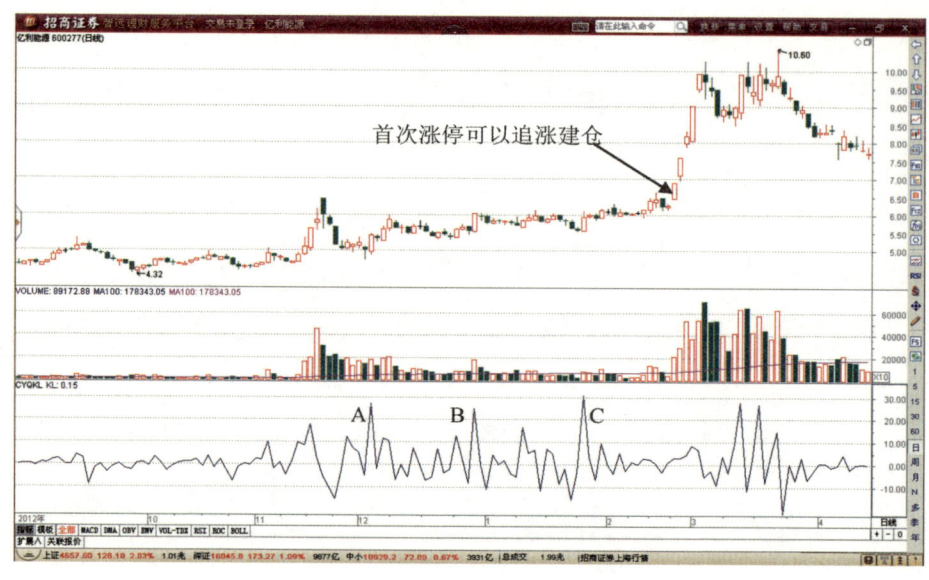

图 1-16 亿利能源日 K 线图

该股自然不会结束飙升走势。

3. 从 CYQKL 指标来看，图中 ABC 三个位置的指标有效回升，这是确认股价强势的重要信号。指标频繁达到高位，表明主力投资者拉升股价突破压力位。并且，指标快速飙升的时候，压力位被频繁突破，这是价格今后上涨的重要基础。预示着股价完成调整形态后自然可以再创新高。

本段小结：通过分析除权后价格走势，我们发现股价完成调整形态的过程，也是我们考虑加仓的时刻。既然调整形态持续时间长，但是主力又设法拉升股价突破压力位。那么三角形上限这个历史高位就很容易被突破。我们在价格突破期间持有股票，这样才能够获得收益。

第二章

趋势线推动价格创新高

　　使用趋势线判断价格走势的时候，我们发现股价处于趋势线上方，能够维持上行趋势。特别是价格出现了明显的缩量回调的时候，股价回调至趋势线附近，为投资者提供了较好的建仓机会。那么我们判断回升趋势线位置的确存在比较多的买点，如果我们趁机介入，盈利空间必然很高。当价格接近拉升高位的时候，股价从回升趋势线上方反弹，突破历史高位的价格走势值得我们关注。

　　回升趋势线上方，价格会出现非常明显的反弹形态，我们会发现价格复杂反弹形态完成以后，股价突破压力位的力度更大。当然，历史高位的压力也不是问题，突破走势一触即发。我们应该把握好这期间的买点，可以获得不错的收益。

第一节　趋势线上高位反弹形态

当股价涨幅较大的时候，股价接近历史高位，但是冲高回落走势改变了价格回升节奏。这个时候，我们可以通过成交量处于高位而价格表现活跃判断买点。特别是股价已经处于反弹状态的时候，超跌反弹走势期间，股价会被拉升并且突破历史高位。这是我们追涨买入股票的机会，建仓以后我们有机会获得较好的收益。

突破阶段价格分析

当股价连续回升的时候，我们发现价格能够明显突破历史高位，显然是趋势线提供了较强支撑。价格突破历史高位的时候，前期价格从回升趋势线反弹期间，我们已经能够发现买点。而当价格顺利突破了拉升高位的时候，这种做多信号更加明确，我们追涨买入股票是有利可图的。

行情总是在加速中发酵，而如果我们能够把握好行情加速回升期间的买点，即便是在价格突破的那一刻，都是有利可图的。股价顺利达到历史高位以后，我们判断趋势线能够长期支撑价格上涨。价格突破拐点线的时候，我们视为不错的买点。当然，如果我们没能在股价突破的那一刻把握好建仓机会，可以在股价回调趋势线的时候买入股票。

历史高位一旦被突破，价格上涨的压力就减轻了很多。股价调整到回升趋势线以后，我们买入股票的盈利概率较大。只要股价没有跌破回升趋势线，价格在任何时刻的反弹走势，都为我们提供了做多的机会。

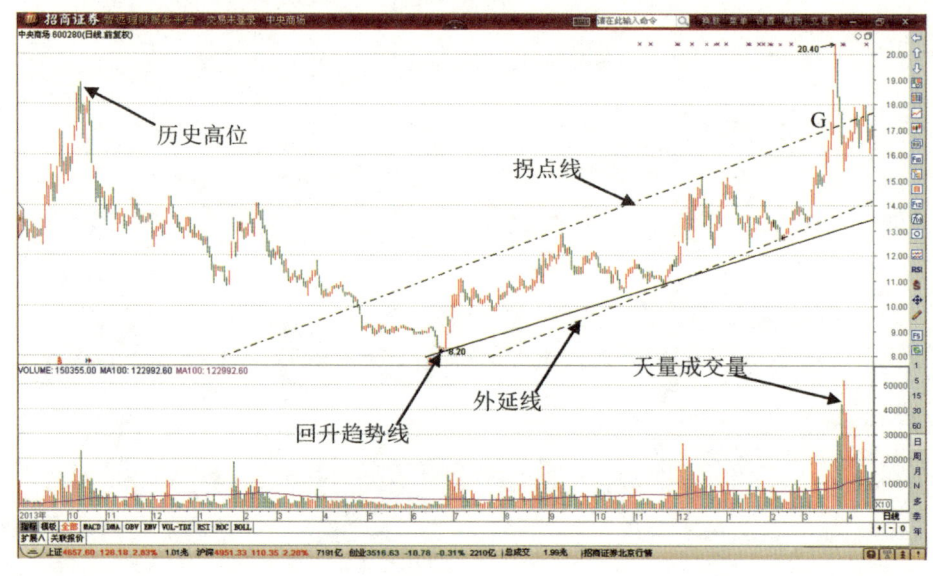

图 2-1 中央商场日 K 线图

实战要点：

1. 从价格走势来看，图中股价在回升趋势线上方连续上涨，价格已经能够突破历史高位。图中 G 位置是股价突破上方拐点线的位置。当价格突破拐点线以后，价格达到历史高位上涨，这也为投资者的进一步扩大收益提供了机会。

2. 当股价突破历史高位的时候，我们发现图中成交量达到天量的时候，显然是股价有效上涨的信号。该股表现非常抢眼，而量能达到天量为股价突破历史高位提供了机会。

本段小结：总体看来，该股处于回升趋势时间较长。在过去的9个月里，该股始终处于趋势线上方，为价格再创新高提供了较强的支撑。那么我们可以在价格突破了拐点线的位置介入，自然可以获得收益。

突破期间交易机会解读

当价格突破了外延线以后，我们会发现股价会出现冲高回落的走势。那么价格回调回升趋势线的时候，我们买入股票同样有利可图。随着多头趋势的加速实现，回升趋势线上方的建仓机会非常典型，为接下来我们的获利提供了较好的建仓时机。

回升趋势线是经过验证的支撑线，即便在股价突破历史高位以后，这种支撑依然发挥作用。好了，我们在价格突破历史高位以后，应该继续寻求回升趋势线位置建仓，这种交易机会不容错过。

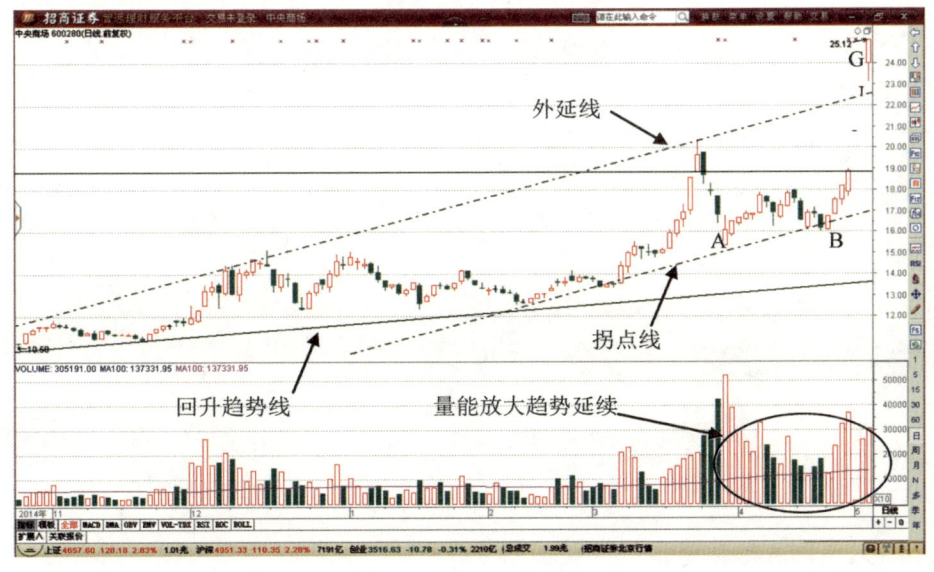

图2-2 中央商场日K线图

实战要点：

1. 从价格走势来看，图中 A 和 B 两个位置的价格低点是重要的建仓位置。股价回调拐点线的时候，A 和 B 两个位置支撑较强，该股以快速探底回升的阳线开始了新一轮的拉升。

2. 从成交量来看，图中量能已经处于高位运行。并且，量能并未萎缩至 100 日的等量线下方，这是股价得以快速回升的重要因素。量能处于高位运行，表明该股的交易非常活跃，价格会延续回升趋势。

3. 值得一提的是，该股回落期间并未达到回升趋势线，而是在高位的拐点线获得支撑，显示价格表现还是很强的。从这个角度来分析，股价能够在价格高位继续强势运行，这是股价可以延续回升趋势的重要信息。图中股价在 G 位置再创新高，显示股价强势运行的特征非常明显。

本段小结：当股价获得拐点线支撑的时候，反弹期间我们就能够确认买点。如果这种买点是非常可靠的，那么顺应价格回升趋势，我们就有利可图了。回升趋势线是最基本的支撑线，而股价回调期间的拐点线提供了可靠的建仓信号，是我们获得收益的关键点。

第二节　地量探底回升趋势线下方

在价格上涨期间，成交量通常会明显放量。当然，如果股价缩量回调回升趋势线，那么价格低点就会出现，这是我们买入股票的重要机会。回升趋势线附近的价格地量调整形态形成以后，我们判断股价距离突破历史高位已经不远，那么买入股票后，可以在股价突破历史高位的时候盈利。

突破阶段价格分析

当股价明显脉冲放量的时候，表明价格走势较强，并且主力投资者介入明显，这是推动股价上涨的重要因素。如果我们能够在价格放量结束后的调整期间介入，显然能够抓住比较好的建仓机会。随着行情的逐步演变，我们发现价格突破力度越大，今后盈利空间也会更多。

通过回升趋势线我们发现，价格虽然短线调整，并且成交量达到了地量状态，但是股价却能够获得趋势线提供的支撑。行情发展到这个阶段，我们可以根据回升趋势线位置提供的支撑买入股票。地量对应着地价，而股价回调趋势线位置，恰好在这个时候出现了地量成交量。显然，回升趋势线位置地量调整的建仓时机不容忽视。

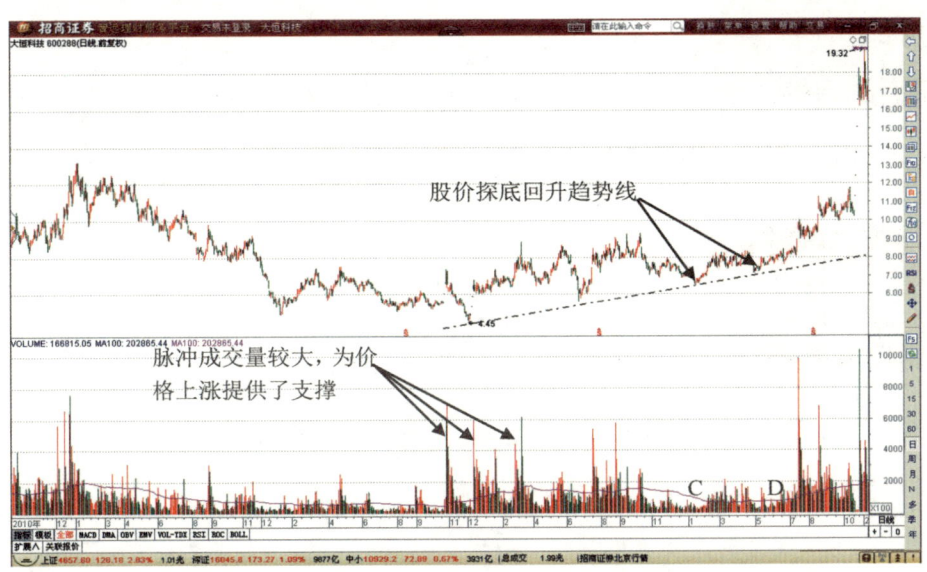

图 2-3 大恒科技日 K 线图

实战要点：

1.从日 K 线图中价格走势来看，该股明显处于回升趋势中。我们通过回升趋势线发现，该回调趋势线位置的时候，我们买入股票可以获利丰厚。

回升趋势线提供的支撑较强,该股历次回调都未能跌破该趋势线。这样,我们判断建仓以后显然有机会获得高回报。

2. 从成交量来看,图中脉冲量能出现的时候,表明主力投资者正在建仓当中。量能在短时间内快速脉冲,表明主力介入明确。这样一来,高量能也为价格走强提供了机会。

3. 在图中 C 和 D 位置的地量成交量出现的时候,我们发现买入股票总是存在较大的盈利空间。这样看来,顺应该股的回升趋势,我们的盈利空间较大。特别是在股价回调趋势线后,该股挑战历史高位的时候,交易机会显然毋庸置疑。

本段小结:价格从回升趋势线位置的地量调整中反弹,紧接着股价在多头趋势中不断进入发酵的牛市行情中。交易机会一旦兑现,我们能够获利的空间自然较大。后期该股的走势表明,股价有效突破了拉升高位压力区,我们的盈利空间自然膨胀。

突破期间交易机会解读

当股价获得趋势线提供的支撑以后,价格能够再创历史新高。股价回升期间,成交量显著放大,这与地量调整形成反差。价格上涨潜力取决于量能放大程度,量能越高,价格涨幅也会更大。我们需要密切关注价格突破期间的量能变化,挖掘价格回升期间的交易机会。

股价脱离回升趋势线以后,价格回升期间,我们发现股价突破历史高位时候伴随着量能的放大。历史高位的压力较大,但是股价还是能够放量突破压力位。这是成交量有效放大的结果。横向调整期间,量能维持高位运行,这也为股价进一步突破创造了条件。

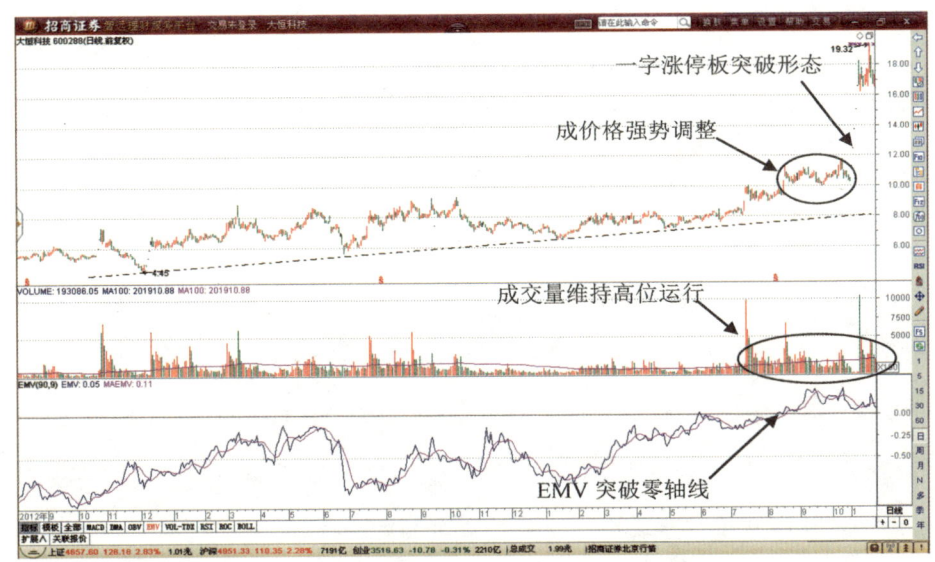

图 2-4 大恒科技日 K 线图

实战要点:

1.从价格表现来看,该股在涨幅达到历史高位的时候,我们发现该股走势非常强。股价没有明显回调,而价格横盘期间已经很快出现了突破的情况。那么这个时候,价格在拉升高位继续走强,我们的交易机会非常难得。

2.从成交量来看,图中量能已经很高,显然为价格高位运行提供了机会。量能较大的情况下,该股不仅可以站在历史高位,而且可以加速拉升到更高的价位。从量能来看,我们追涨的机会还是有的。

3.从 EMV 指标来看,该指标在图中位置达到了 0 轴线上方,表明该指标在高位运行,可以很明显地推动价格走强。指标高位运行的时候,量能配合较好,价格更容易大幅上行。

本段小结:结合量价变化和 EMV 指标,我们发现该股走势较强,量能推动价格再创新高。交易机会出现在股价突破历史高位期间,若能介入,我们短线获利丰厚。

第三节 标准的探底回升趋势线

在股价回升期间,如果回升趋势线提供的支撑较好,那么股价回调趋势线很容易反弹。当股价接近历史高位的时候,我们判断回升趋势线提供的支撑已经得到多次确认。那么股价回调趋势线是不错的买点。当我们短线建仓以后,回升趋势线提供的支撑较强,为价格上涨提供了支撑。我们判断价格能够突破历史高位,持仓盈利就很容易了。

突破阶段价格分析

在价格回升期间,我们发现,股价回升趋势越好,价格上涨潜力也会更大。如果我们判断回升趋势非常明确的时候,我们考虑在价格回调趋势线的时候买入股票,是有利可图的。事实上,如果回升趋势线的支撑较好,股价历次回调都会出现明显的反弹走势。价格从回升趋势线位置反弹以后,回升潜力就很高了。

在股价从回升趋势线反弹期间,我们发现价格的反弹概率很高。即便股价已经接近了拉升高位,如果股价回调趋势线,反弹期间价格也能够达到历史高位上方。以回升趋势线作为支撑,价格突破历史高位以后,我们的盈利空间还是比较大的。我们有理由相信,把握好回升趋势线附近反弹阶段的买入机会,今后我们的获利空间就比较大了。

实战要点:

1. 从价格走势来看,图中股价从回升趋势线反弹的时候,出现了A、B、C、D、E五次反弹行情。股价短线涨幅较大,不断验证了回升趋势线的支

第二章
趋势线推动价格创新高

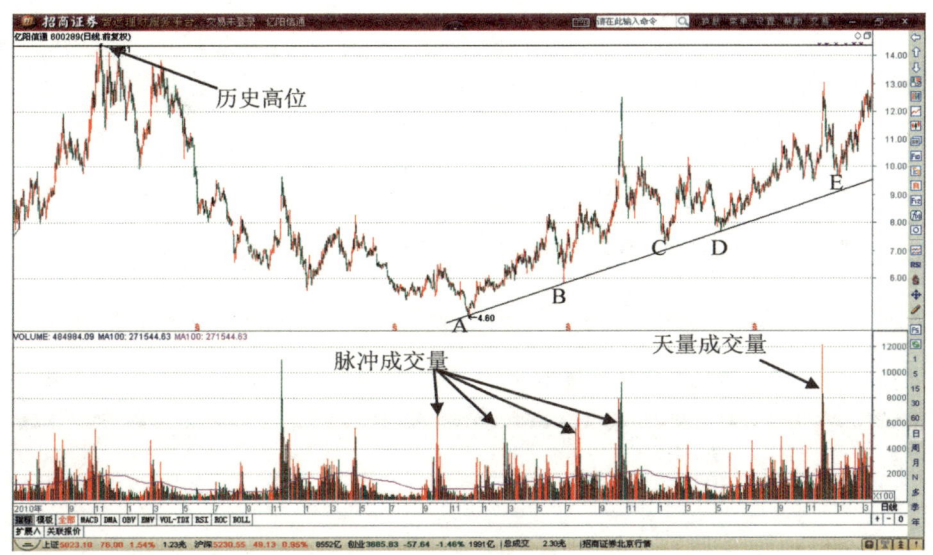

图 2-5 亿阳信通

撑效果。而图中 E 位置股价并未回调到趋势线，就已经在高位出现了反弹走势。可见，该股的强势还是会延续，而我们的盈利机会还是很多。

2. 从脉冲成交量的表现来看，图中量能脉冲放大，价格走势显然是比较强的。这个时候，我们判断主力主动介入该股，这也为接下来股价持续回升提供了可能。

3. 从后期量能来看，该股出现了天量成交量，股价反弹空间也大为增加。这样看来，量能放大推动价格上涨，突破历史高位已经不是难事。

本段小结：从回升趋势来看，价格历次反弹都明显确认了回升趋势线的支撑。随着股价不断震荡走强，价格接近历史高位的时候，股价从相对高位反弹，显然也是买点。

突破期间交易机会解读

当我们判断回升趋势线能够有效支撑价格上涨的时候，我们可以根据价格回调趋势线的买点，判断今后的建仓时机和预期盈利空间。实战当中，如果我们能够有效把握回升趋势线位置的买点，那么多头趋势中获利就不再是难事。

经验表明，如果回升趋势线已经得到确认，我们这个时候买入股票，是有利可图的。即便拉升高位的压力较大，当价格从回升趋势线反弹的时候，我们会发现这期间的交易机会还是很多的。价格放量回升后快速突破历史高位，我们的盈利空间自然会比较大了。

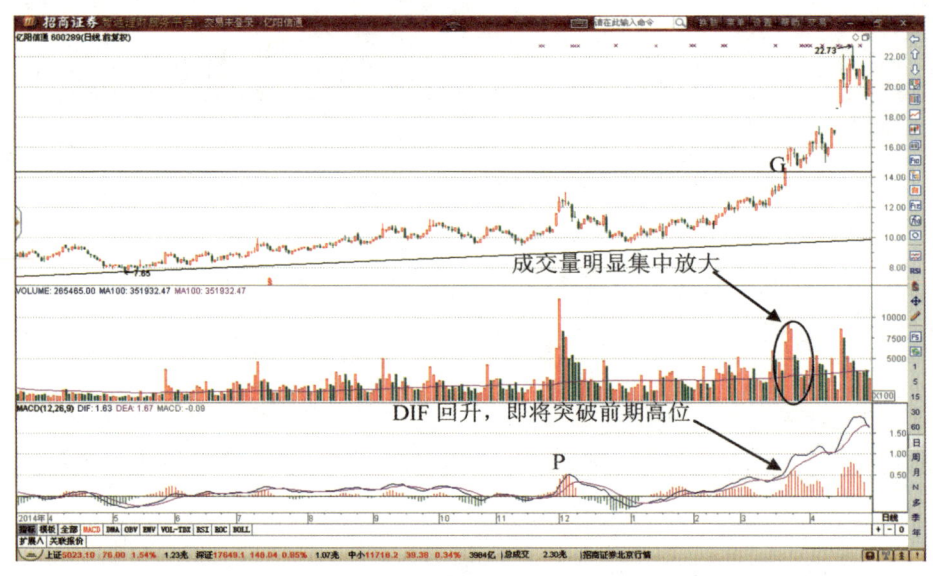

图 2-6

实战要点：

1. 日 K 线图中股价在回升趋势中连续上涨，图中 G 位置是价格突破历史高位的时刻，同时也是我们买入股票的最后机会。

2. 从成交量来看，图中量能放大至 100 日等量线上方，显然是非常明确的放量信号，这是推动价格上涨的重要因素。我们确认量能可靠放大，该股突破历史高位显然不是假突破。而接下来价格继续回升能够延续下来，我们的盈利空间较大。

3. 从 MACD 指标来看，该指标的 DIF 线明显回升，显然已经开始出现突破信号。图中 P 位置是 DIF 线的高位，而当 DIF 回升至高位以后，显然能够继续回升并且突破 P 位置对应的高点。这样一来，我们在图中位置建仓是没有问题的。

本段小结：通过分析日 K 线图中价格走势，我们发现回升趋势线是价格确认上行趋势，通过量能放大和 MACD 指标的走强，就能判断交易机会了。股价回升趋势非常明显，拉升高位的压力对价格走势影响非常有限。而我们把握好价格突破历史高位的买点，自然有利可图。

第四节　两次探底突破型

在回升趋势线上方，股价以双底反转完成探底回升走势。如果股价比较接近历史高位，并且反转过程中成交量持续放大，那么价格很容易突破历史高位。实战当中，出现在回升趋势线上方的双底形态是较好的支撑形态，股价脱离回升趋势线以后，价格上涨潜力得到释放。我们据此判断做多交易机会，自然能够获得较高的收益。

突破阶段价格分析

当价格从回升趋势线获得支撑以后，我们发现股价还是能够继续走强。特别是在两次探底回升走势完成以后，股价脱离回升趋势线的支撑，那么短线上涨空间会比较高。实战当中，我们应该把握好回升趋势线附近的买入机会，把握好建仓时机，我们的盈利空间才会更大。

双底反转形态是典型的支撑形态，若能出现在回升趋势线附近，对今后股价回升起到很好的推动作用。在价格接近了回升趋势线的时候，我们判断股价获得强力支撑的重要信号，是量能放大的效果。成交量越大，量能推动价格上涨的潜力越高。这个时候介入，我们自然有利可图。

历史高位的压力虽然较大，但是股价却能在双底反转形态的支持下突破历史高位。显然，这种交易机会不容错过。股价回升空间越高，我们相应的盈利机会也会更多。实战当中，交易机会就在反转形态完成期间出现。我们把握好双底提供的建仓交易机会，在股价放量上涨期间买入股票。等待价格突破历史高位以后，完全可以获得较好的盈利。

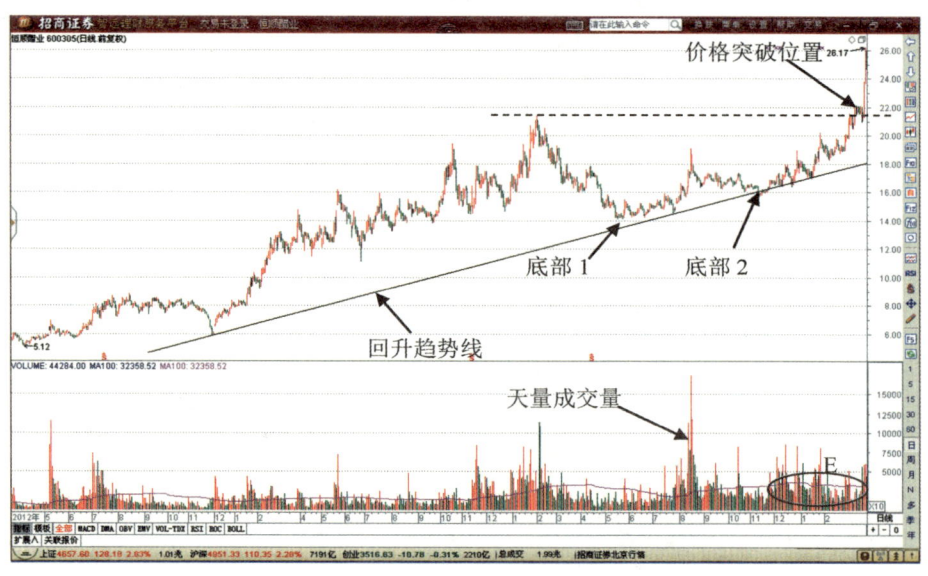

图 2-5 恒顺醋业日 K 线图

实战要点：

1. 从价格表现来看，图中价格获得回升趋势线提供的支撑以后，股价快速反弹并且顺利突破了拉升高位。这期间，该股在趋势线位置完成了底部 1 和底部 2，显然对今后股价回升起到了很好的推动效果。如果我们可以在价格突破过程中把握好买点，自然盈利丰厚。

2. 从成交量的表现来看，图中天量成交量出现的时候，恰好是该股首次从回升趋势线反弹的时刻。而接下来量能在 E 位置继续放大，股价轻松反弹并且达到历史高位。这是不容错过的交易机会。

3. 从主力控盘的角度来看，图中天量成交出现的时候，表明主力已经在短时间内介入。这是主力快速建仓的信号，为拉升股价提高持股数量。而 E 位置的量能虽然没有达到天量，却能够维持稳定放量状态，这是投资者不容忽视的地方。主力完成建仓以后，E 位置的量能温和放大，显示主力控盘能力增强。因此，价格可以轻松突破历史高位。

本段小结：总体来看，回升趋势线对价格上涨并且突破历史高位至关重要。在回升趋势线位置完成的双底形态，为价格上涨提供了较好的支撑。而量能放大过程中，交易机会很快促使股价突破历史高位。

突破期间交易机会解读

在股价突破历史高位的时候，我们发现价格上行是渐进式的。虽然股价没能以连续涨停的方式突破历史高位，但是突破历史高位期间很容易出现放量大涨的走势。温和放量期间，主力控盘效果更好，而股价回升趋势得以加强，价格突破历史高位就在瞬间完成。

实战当中，我们一定要把握好价格突破历史高位期间的买点。即便股价还未达到历史高位上方，温和放量回升期间依然是不错的建仓机会。这种建仓交易机会不容错过。

价格不温不火的突破历史高位，我们有更多的机会买入股票。行情加速还是需要时间的。特别是在股价突破历史高位的过程中。做空压力不容忽视，只要行情还未结束，股价就会在后期放量突破。温和放量的过程中，并不是说主力控盘力度不够。相反，主力并不急于拉升股价突破历史高位。资金主力要在不断吸筹期间拉升股价，为自身创造更好的盈利空间。我们乘此机会提高持股数量，就可以跟随主力同步盈利。

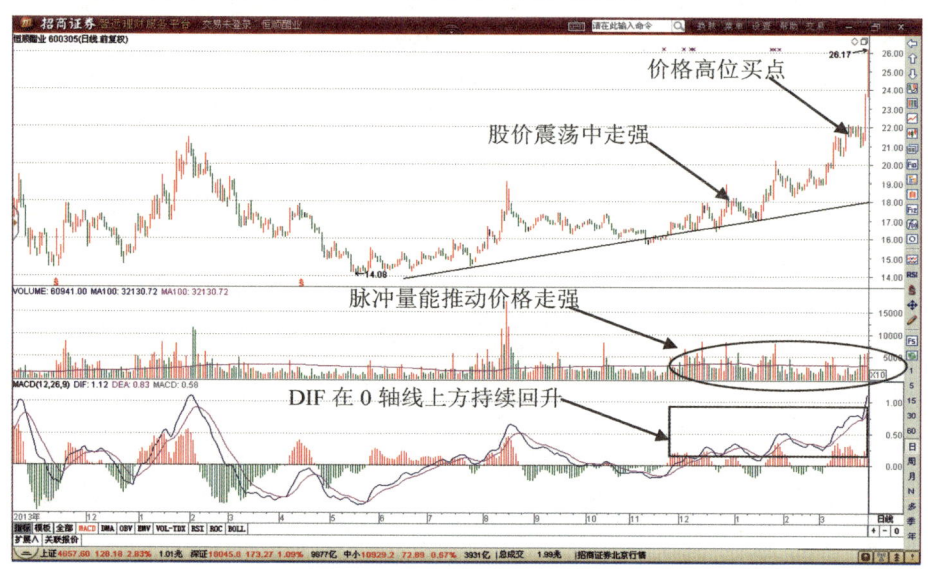

图 2-6 恒顺醋业日 K 线图

实战要点：

1.从价格表现来看，图中股价稳定回升的时候，我们发现股价有效涨幅较大。同步是在价格突破历史高位期间，交易机会不容忽视。该股上涨潜力惊人，我们应该在价格还未突破历史高位的时候介入，跟随主力同步盈利。

2.从成交量的变化来看，图中量能温和放大的时候，体现了主力控盘意图非常明显。量能稳定，价格上涨趋势更好。如果我们可以早一些持股，盈利空间自然较大。

3.从 MACD 指标来看，DIF 线突破了零轴线的时候，我们有机会买入股票并且盈利。价格上涨趋势得到加强，这与 MACD 指标的回升密不可分。

DIF 线的回升空间越大，表明移动平均线向上发散的趋势越强，价格上行趋势就很难逆转。

本段小结：通过综合分析量价关系和 MACD 指标的变化，我们发现交易机会出现在股价放量回升期间。实战表明，单边回升的股票走势更加温和，但是价格短线回升潜力却非常高。看似盈利空间不大，但是股价持续上涨以后，我们的盈利机会还是很多的。

第五节　回升趋势线下方的超级缩量圆弧底

在回升趋势线上，圆弧底的反转形态是不可多得的建仓形态。该形态出现以后，如果价格放量回升，那么股价上涨潜力较大。圆弧底反转形态出现在回升趋势线位置，价格获得的支撑较强，股价能够大幅度上涨。如果股价加速回升并且接近历史高位，那么我们有理由相信这种回升趋势还会得到加强。我们买入股票可以盈利。

突破阶段价格分析

在价格上涨过程中，反转形态无疑提供了较强的支撑，是股价突破历史高位的重要支撑形态。而反转形态中，圆弧底是非常有效的支撑形态。圆弧底反转形态的底部相对平滑，而价格反转节奏却逐步加快。起初，我们对价格反弹效率会持怀疑态度。不过随着量能的加速放大，股价突破历史高位只是时间问题。

圆弧底的价格反转形态和成交量的圆弧底形态，是价格突破历史高位的关键。我们把握好量能回升节奏以及价格的圆弧底反转形态，自然可以有效获利。

实战当中，圆弧底的反转形态虽然规模较大，但是股价回升期间也会出现调整的情况。这是因为，成交量的放大并非持续向上。如果短时间内量能萎缩，那么圆弧底的反转形态将出现调整。不过调整期间我们应该把握好放量信号，在价格放量突破的过程中买入股票。

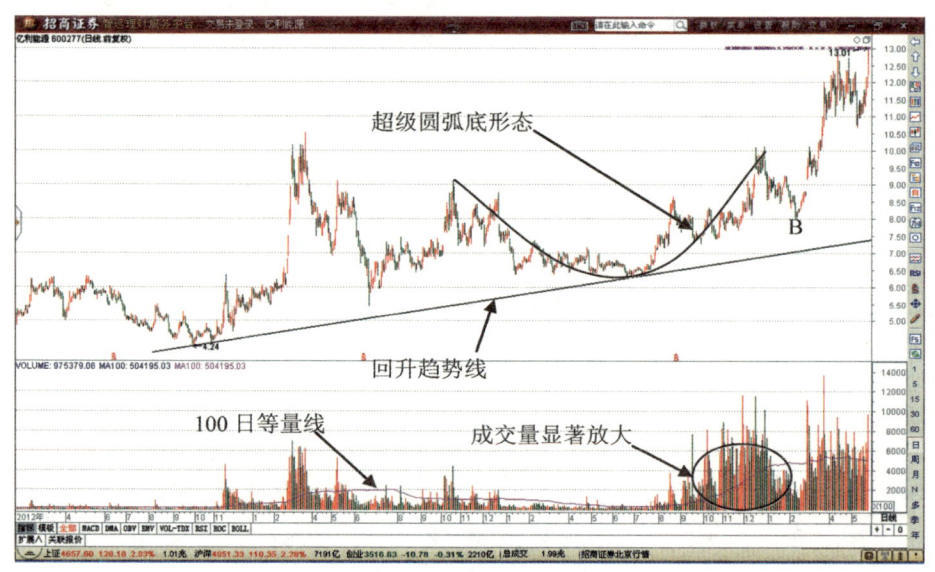

图 2-7 亿利能源日 K 线图

实战要点：

1.价格震荡上涨的过程中，交易机会可以出现在圆弧底形态延续的时候。圆弧底反转形态的规模较大，短暂调整并不改变价格回升趋势。图中 B 位置的价格低点恰好是这一次调整结束的位置，也是我们二次建仓盈利的机会。

2.从成交量来看，图中成交量显著放大的时候，正是圆弧底反转形态逐步完成的时刻。量能较大，圆弧底的反转形态得以延续，而我们的交易机会就出现在量能放大期间。我们无须等待量能持续放大，只要量能有效突破了 100 日等量线，我们就可以开始建仓，等待价格突破历史高位的时候盈利。

第二章 趋势线推动价格创新高

本段小结：在价格突破历史高位的过程中，我们发现，圆弧底的反转形态规模越大，价格突破的概率越高。本例中圆弧底反转形态持续时间达1年多，表明该反转形态的规模已经足够大，这便是价格上涨的重要支撑形态了。

突破期间交易机会解读

在价格突破历史高位期间，我们发现交易机会就出现在股价放量上涨的时候。价格能否一举突破历史高位压力区，取决于成交量的放大程度。成交量越大，并且达到了有史以来最大值，那么股价突破的概率就会很高。当然，价格越是在接近拉升高位区放量，股价突破的概率也会越大。

在圆弧底反转形态的支撑下，如果价格轻松突破了压力区，我们判断买入机会是非常好的。这样的话，乘机低吸是有利可图的。股价首次挑战历史高位的时候，突破概率不一定很大。不过，当股价第二次有效放量上涨的时候，价格突破的概率就很高了。我们把握好股价突破了历史高位的交易机会，可以获得较好的回报。

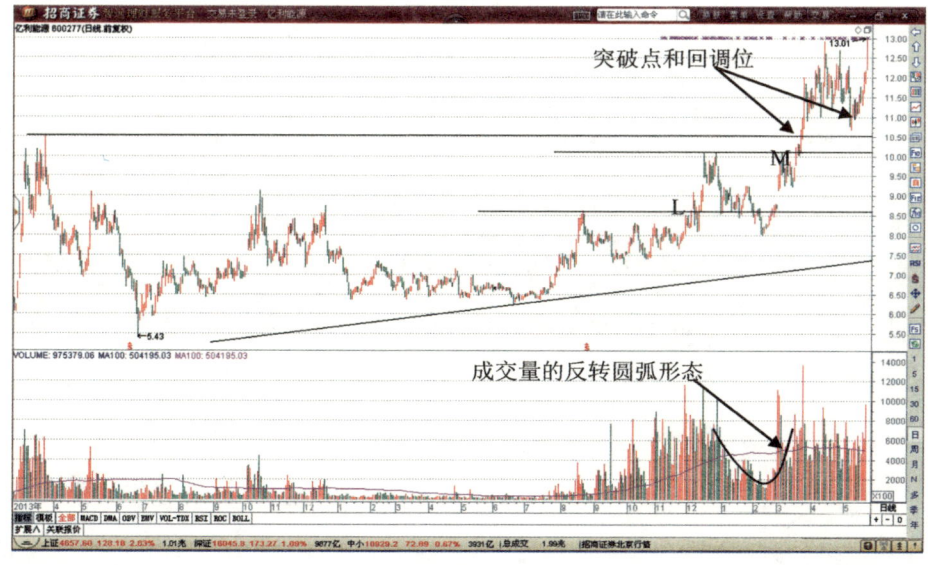

图 2-8 亿利能源日K线图

实战要点：

1. 从价格表现来看，图中股价涨幅达到了 L 位置的时候，该股首次突破短线高位。第二次放量的时候，该股在 M 位置再次突破高位压力区，并且达到了历史高位上方。这期间，我们应该把握好建仓交易时机，显然能够获得比较好的回报。

2. 从成交量的变化来看，图中量能明显出现了类似 U 形的反转形态，这是推动价格上涨的重要因素。成交量的 U 反转走势，为股价上涨提供了很好的机会。量能越大，价格上涨潜力越大。价格二次回升突破历史高位，显然是成交量推动的结果。我们顺应价格走势买入股票，即可快速盈利。

本段小结：从该股的价格走势来看，图中 U 形的成交量反转走势，显然明显推动了价格走强。实战当中，这种交易机会还是很多的，关键是我们要把握好量能放大的节奏以及价格突破历史高位的买点。价格突破历史高位以后，价格高位做空压力自然减轻，股价能够继续获得支撑并且再创新高。

第六节　回升趋势线下方反转形态

在股价回升的过程中，回升趋势线提供了非常好的支撑效果，价格可以从支撑线获得支撑，并且加速上行。这个时候，交易机会总是出现在回升趋势线位置。不过，当价格接近历史高位的时候，股价也会跌破回升趋势线。当价格在趋势线下方完成反转形态以后，我们可以根据反转形态确认价格走强的买点。反转形态可以支撑价格大幅回升，并且促使股价突破历史高位。

突破阶段价格分析

在回升趋势线上方,股价上涨潜力较大。特别是股价获得回升趋势线提供的支撑以后,股价反弹空间会非常高。我们应该把握好价格脱离趋势线的建仓交易机会,可以获得不错的短线回报。

当价格接近拉升高位的时候,任何跌破回升趋势线的走势都不容忽视。通常来看,价格跌破回升趋势线是多头趋势结束的信号。当然,如果股价还是能够继续上涨,股价下跌空间不会太大。并且,价格跌破回升趋势线以后,反弹走势就会出现。根据价格反弹形态,我们自然可以把握好建仓机会以及盈利时机。

反转走势可以是简单的双底形态,给价格上涨提供了较好的支撑。双底形态的得到确认的时候,股价突破双底颈线,建仓交易机会自然会出现。股价以双底形态作为反转形态,价格快速突破回升趋势线,再次确认回升趋势。

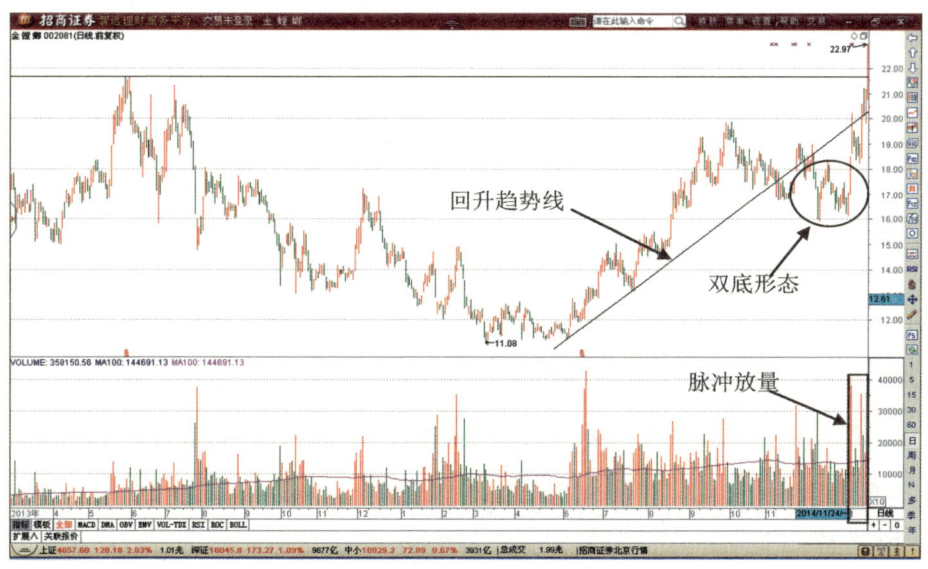

图 2-9 金螳螂日 K 线图

实战要点:

1. 从价格走势来看,当股价跌破回升趋势线以后,双底反转走势出现。这个时候,恰好是我们开始建仓的机会。双底反转形态提供了较好的支撑,而股价能够以双底作为支撑点反弹,表明多头趋势还是能够延续的。

2. 从成交量来看,图中脉冲放大的成交量出现的时候,恰好是股价完成双底反转的时刻。该股能够继续走强,显然受益于双底反转形态。价格得以完成反转走势,我们据此判断交易机会已经非常成熟。接下来的时间里,我们顺应股价回升趋势买入股票,可以在股价突破历史高位期间盈利。

本段小结:价格在回升趋势线以上运行时间越长,当股价确认了反转走势以后,交易机会越是明显。那么实战当中,我们应该根据价格突破回升趋势线的信号买入股票,可以获得比较好的利润。行情发展总是出乎意料,股价短线假突破回升趋势线,这并不影响股价放量走强并且突破历史高位。

突破期间交易机会解读

当股价跌破回升趋势线以后,价格今后的表现取决于量能的放大效果。如果主力投资者认为价格回调以后具备了抄底机会,就会放量拉升股价。这个时候,价格放量回升到趋势线上方,并且快速突破历史高位,显示建仓交易机会很快成熟。我们顺应价格反弹节奏建仓,自然有利可图。

回升趋势线上方的交易机会非常典型,只是股价在趋势线下方的走势更容易受到质疑。投资者会认为价格已经处于趋势线下方,不具备买涨的基础。其实,成交量的放大空间决定了价格能够达到的高位。如果我们在成交量有效放大的时候介入,还是能够盈利的。

第二章
趋势线推动价格创新高

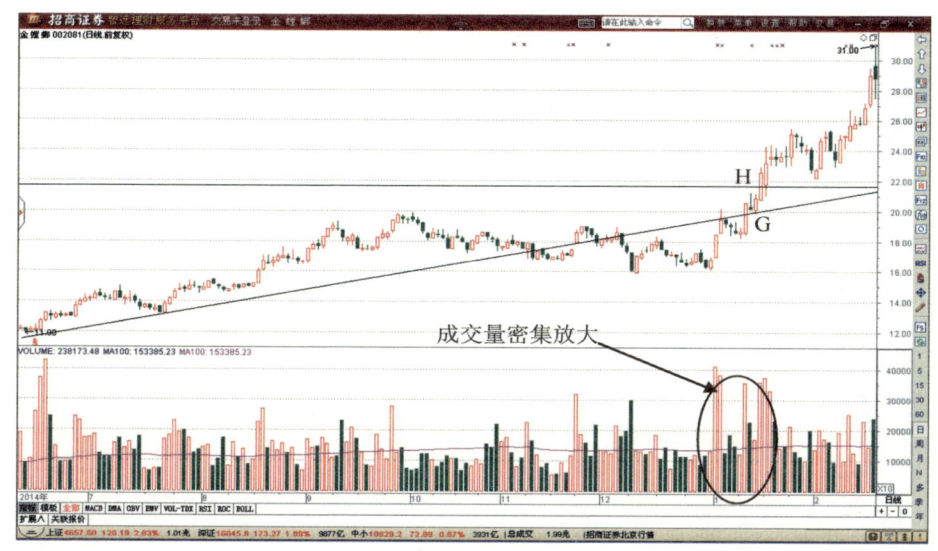

图 2-10 金螳螂日 K 线图

实战要点：

1. 从价格表现来看，股价放量上涨的时候，价格顺利突破了回升趋势线。当图中 G 位置股价站稳回升趋势线以后，我们可以考虑快速买入股票了。价格突破回升趋势线的时刻，也是双底形态完成的时刻，同时也是我们追涨买入股票的机会。

2. 从成交量来看，图中显示的量能较大，明显高于前期量能，这是推动价格上涨的重要因素。有了成交量的放大，我们接下来的盈利机会就很多了。图中 H 位置价格突破历史高位，是该股非常典型的突破信号。若能把握好交易机会，我们短线盈利空间就在 50% 以上。

本段小结：从该股的价格表现来看，股价回调跌破回升趋势线，其实是一次典型的蓄势形态。价格并非不能大幅回升，而是要在接近拉升高位前调整蓄势。当价格完成蓄势以后，反转形态出现，这推动价格快速上行并且一次性突破了拉升高位。

第三章

价格突破的筹码形态分析

价格高位的筹码峰压力较大,当股价突破压力位的时候,我们总是能够发现筹码峰被快速突破,这是突破有效的信号。如果我们想要获得更高的收益,那么显然应该关注压力位被突破的交易机会。价格突破筹码大量存在的压力位,这种突破持续时间并不长。但是,我们不能忽视这种价格走势。如果我们没能在价格突破的那一刻把握好买点,就只能在股价突破以后追涨了。当然,能够在价格突破前建仓,是非常好的。但是,判断突破前的建仓信号并不容易。

本章就从多方面来分析价格突破历史高位的筹码形态,帮助投资者更好地认识筹码形态和突破期间的交易机会。筹码分布形态是投资者持仓期间的基本情况,当我们熟悉筹码形态以及价格突破状况的时候,就能够很好地把握突破历史高位期间的买点了。

第一节 高浮筹放量突破

经过长时间的调整，如果股价已经处于历史高位下方，并且浮筹指标 ASR 调整到高位 90 附近，那么价格继续上涨的压力将很大。也就是这个时候，如果股价能够放量突破高浮筹的压力区，那么股价也能够突破历史高位。真实的放量突破出现以后，价格脱离高浮筹区域，我们在这期间追涨买入股票，必然获利丰厚。

突破阶段筹码分析

在股价突破筹码峰的时候，我们发现价格放量回升力度很大，而交易机会就出现在价格脱离高浮筹区域的时刻。浮筹指标 ASR 回升到高位的时候，该指标达到 90 附近，表明当前价位的筹码数量较大。如果价格一举突破高浮筹区域，将为投资者带来不错的回报。

特别是在历史高位附近，股价高位运行的时候，筹码向价格高位聚集。这种情况下，放量突破高浮筹区域是值得关注的买点。历史高位股价上涨的盈利较大，但是价格脱离高浮筹区域，意味着回升势头得以延续。这样一来，我们把握好价格突破历史高位的交易机会，完全有机会获得利润。

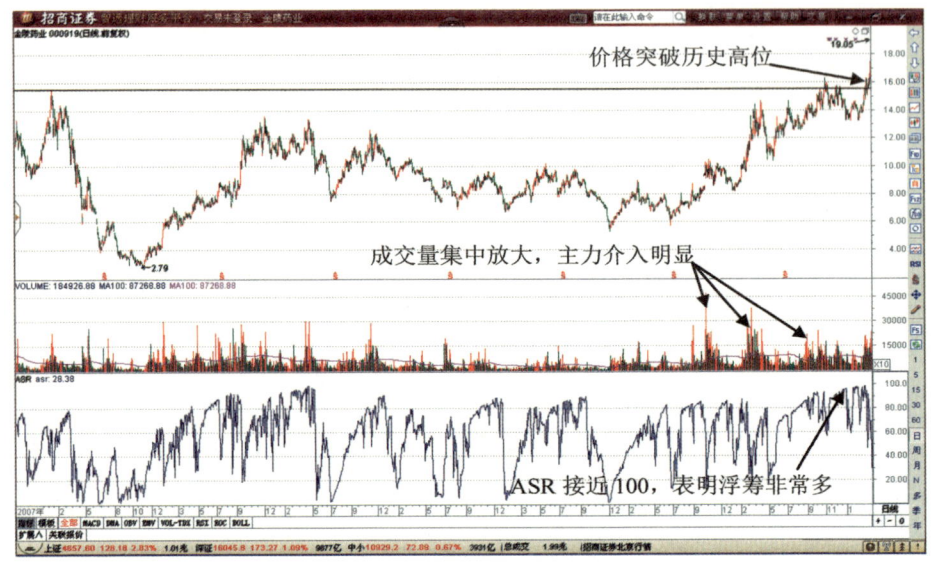

图3-1 金陵药业日K线图

实战要点：

1. 从价格表现来看，图中股价震荡上涨，并且已经达到了拉升高位。这个时候，股价若能突破高浮筹的价格高位，显然是不错的追涨机会。

2. 从成交量来看，股价回升期间量能明显处于放大状态。特别是在股价表现强势的时候，伴随着有效的量能放大，这是推动价格上涨的重要因素。该股继续回升到拉升高位，这种有效放大的成交量可以推动价格再创新高。

3. 从浮筹指标ASR的表现来看，该指标已经在图中接近100，显示当前价位附近存在大量筹码。那么这期间，也是股价处于历史高位附近的时刻。结合成交量呈现出放大状态的表现，我们不难判断股价还是有突破的潜力。

本段小结：高股价对应着高浮筹，意味着短线股价上涨压力较大。不过，有成交量放大来配合，价格再创新高并非难事。只要我们把握好建仓交易的买点，自然也是有利可图的。

突破期间交易机会解读

在股价突破历史高位的过程中，我们会发现量能放大是必不可少的。如果成交量没有放大，股价短线必然处于横向运行状态。我们判断价格放量回升以后，可以轻松突破历史高位。即便浮筹较多，价格也能够脱离高浮筹区域。

从量价关系上判断，我们不难发现价格突破阶段的交易机会。只要成交看来有效放大，量能放大至 100 日等量线上方，股价可以轻松脱离浮筹密集分布区域。这个时候，是我们追涨的机会。实战当中，价格回落也会使得股价远离浮筹区域，但是这不是我们追涨的机会。而价格回升期间浮筹减少，是股价脱离浮筹区域后追涨的机会。我们在股价上涨的过程中买入股票，可以将短线盈利空间放大。

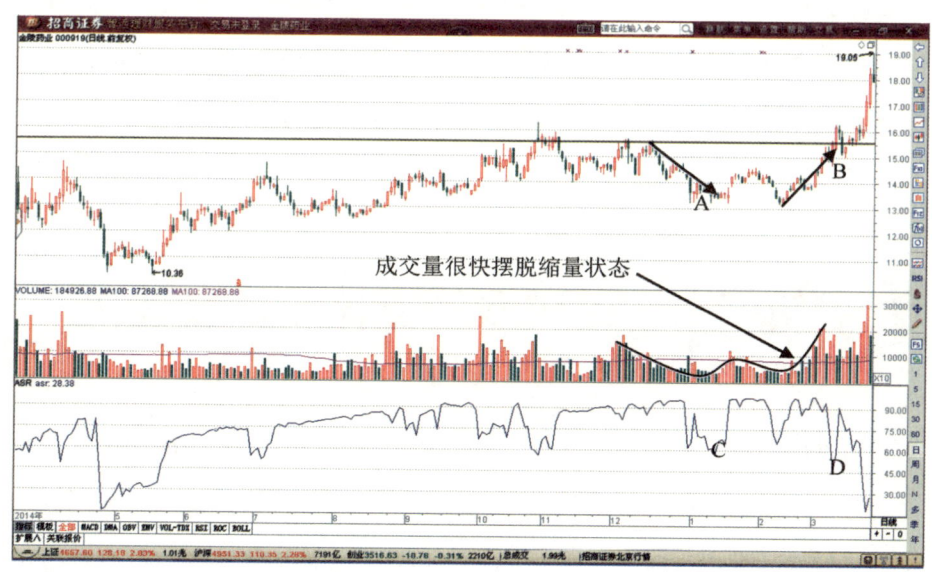

图 3-2 金陵药业日 K 线图

实战要点：

1. 从价格表现来看，该股在 A 位置出现明显回调，但是股价跌幅不大。随着调整的结束，图中的 B 位置该股很快出现反弹走势。价格反弹期间突破了历史高位，推动价格再创新高。

2. 从成交量来看，图中量能明显从缩量状态转变为放量状态，这是推动价格回升的重要因素。量能连续放大的时候，股价在图中 B 位置的反弹走势很快形成。

3. 从浮筹指标 ASR 的表现来看，股价在 A 位置出现回调走势，该指标同步回落至 C 位置。而 B 位置股价上涨的时候，ASR 指标回落空间达到 D 位置，是价格脱离浮筹区域的信号。同时，也是我们据此买入股票的重要建仓交易机会。

本段小结：我们判断价格有效脱离浮筹区域，这通常出现在价格上涨阶段。虽然股价回调以后，ASR 指标也会回落，但这并不是追涨的机会。而股价上涨并且脱离浮筹区域的时候，才是比较好的建仓机会。而图中 B 位置股价快速放量回升，导致浮筹指标 ASR 快速回落，是价格脱离浮筹的信号。同时，我们在这个时候介入，能够继续获得收益。

第二节　筹码双峰支撑放量突破

当股价接近历史高位的时候，调整走势就会出现。每一次调整走势出现的时候，新的筹码峰都会形成。在距离历史高位不远的价位，筹码双峰提供了较好的支撑。股价可以获得价格筹码双峰提供的支撑，并且在放量期间突破历史高位。我们关注筹码双峰提供的支撑，同时也应该在价格获得筹码峰支撑的时候建仓，以便大幅度提升盈利空间。

突破阶段筹码分析

回升趋势中，如果股价已经接近了拉升高位，那么这个时候的筹码峰能够支撑价格上涨，那么真实的突破走势就会出现。我们根据筹码峰形态判断建仓交易机会的时候，可以通过双筹码峰来看。特别是在历史高位下方出现了双筹码峰形态，这是支撑价格走势的重要看点。

筹码双峰形态出现的位置，通常是价格横向调整时间比较长的时候出现的。价格横向调整的过程中，成交量有效放大，筹码自然会向高位聚集。股价经历两次明显的横向调整，完成了筹码双峰形态，价格可以从筹码双峰获得较强的支撑，并且实现上涨。我们判断筹码双峰位置是介入的重要时机，短线买入股票以后，我们可以坐等价格突破历史高位后盈利。

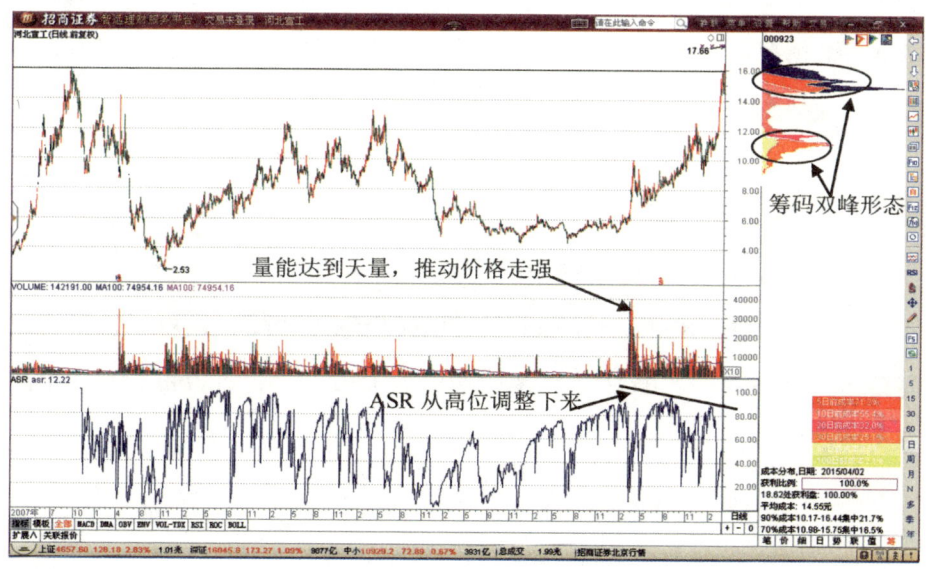

图3-3 河北宣工日K线图

实战要点:

1. 从图中价格表现来看,我们发现筹码双峰形态明显出现在图中位置。最接近历史高位的筹码峰对价格支撑较强,该股可以从筹码峰获得支撑并且突破历史高位。

2. 从成交量来看,图中成交量达到天量的时候,正是股价放量走强的时刻。天量成交的出现,表明主力投资者快速介入。接下来的时间里,股价维持放量运行状态,这显然是主力放量运作的结果。该股达到历史高位附近的时候,成交量依然放大,这也为价格上涨提供了支撑。

3. 从浮筹指标 ASR 来看,图中该指标从高位回落的时候,正是股价突破历史高位的时刻。我们可以看出,价格明显脱离筹码峰的时候,ASR 指标震荡回落,表明价格回升趋势正在加强。我们继续持有股票,能够在价格突破之时获得更高回报。

本段小结: 筹码双峰出现在价格高位,能够为价格回升提供两次重要的支撑。如果量能放大,价格高位的筹码峰就能够支撑价格上涨。股价放量运行的情况下,以筹码峰为起点的拉升走势就会出现。这样,我们根据筹码双峰判断建仓机会,就很容易获得收益了。

突破期间交易机会解读

如果我们已经发现双筹码峰形态,那么价格突破双筹码峰需要放量才行。量能放大的时候,价格不仅可以突破双筹码峰,还可以挑战历史高位压力区。我们判断日 K 线图中量能放大以后,就可以按照追涨策略买入股票。

当股价运行到历史高位附近的时候,价格处于即将突破的压力区下方。量能放大推动价格走强,短线抛售压力不足以改变价格回升趋势,我们就

第三章 价格突破的筹码形态分析

能够在回升趋势中持股盈利。

量能放大的过程,是价格高位筹码向更高价位转移的过程。那么这期间,量能越大,筹码向高位转移的速度越快,股价越能在短时间内突破历史高位。从盈利的效率来看,放量突破筹码峰的时候,我们的盈利效率更高。即便是以追涨的手法买入股票,价格轻松突破了拉升高位,我们依然有利可图。

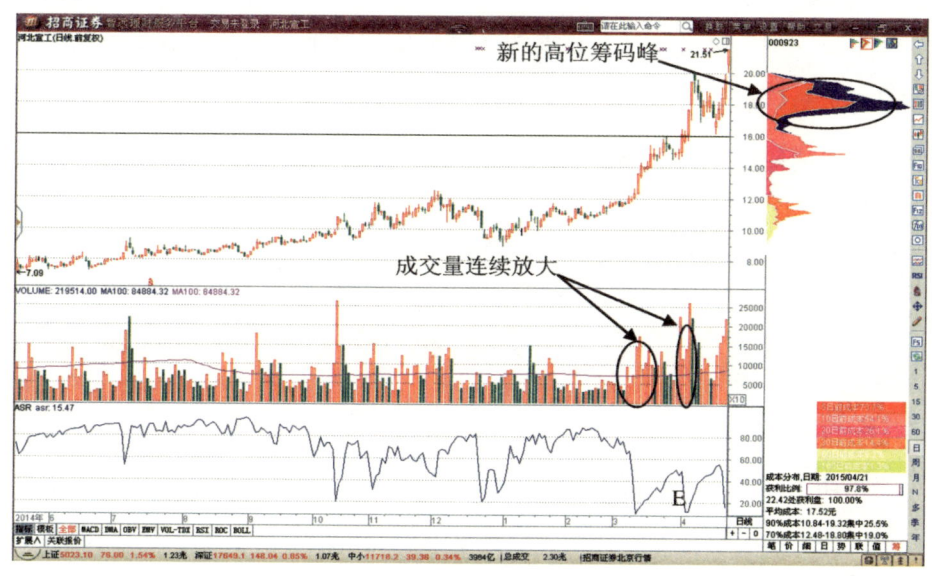

图 3-4 河北宣工日 K 线图

实战要点:

1. 从日 K 线图中的价格走势来看,我们发现价格突破期间该股走势较强。股价只经历了短暂回调,就出现了连续回升的阳线。特别是价格突破历史高位以后,历史高位上方出现了明显的筹码峰形态。我们判断价格高位筹码转移速度很快,回升趋势可以得到延续。

2. 从成交量来看,图中量能明显出现了放大,这便是推动价格突破筹码峰的关键因素。在价格即将突破历史高位的时候,有效放量无疑缩短了

63

价格上涨的时间。考虑到图中量能远超过之前的成交量，表明股价突破历史高位的时候有大量资金介入，这也为股价进一步上涨创造了可能。

3. 在股价放量上涨的时候，图中 E 位置显示的浮筹指标 ASR 已经明显回落。这表明，价格突破历史高位的时候，股价已经远离浮筹区域，表明价格突破非常有效。而随后股价也会维持强势运行状态，价格可以从历史高位获得支撑并且再创反弹新高。

本段小结：价格放量回升期间，我们发现股价放量运行节奏越强，突破浮筹区域以后，价格还能再创新高。历史高位压力区并非不能突破，本例中股价放量回升，自然提供了非常好的追涨机会。

第三节　高换手率放量突破筹码峰

当换手率较高的时候，价格表现更加强势，即便股价已经处于历史高位下方，突破走势也会很快出现。高换手率为价格突破提供了很好的机会，我们可以在高换手率出现以后关注价格表现，适度加仓可以轻松盈利。历史高位压力不足以压制换手率很高的个股，特别是换手率高达 10% 以上的时候，价格向上突破的概率非常大。

突破阶段筹码分析

在价格突破历史高位的时候，我们发现，筹码峰是做空压力较大。不过，如果股价能够放量回升，自然也容易突破压力位。据此，我们判断在价格调整的过程中买入股票，可以有机会获得高回报。

特别是在价格接近拉升高位的时候，筹码峰同步形成，这将是股价再

第三章
价格突破的筹码形态分析

次回升的重要压力信号。实际上，压力位的做空力度较大，不过量能有效放大的时候，股价可以很容易就突破阻力区域。

价格突破筹码峰的力度，取决于换手率放大程度。如果换手率达到空前高度，表明多空争夺非常激烈。资金主力拉升股价大幅回升以后，真实的突破自然会出现。

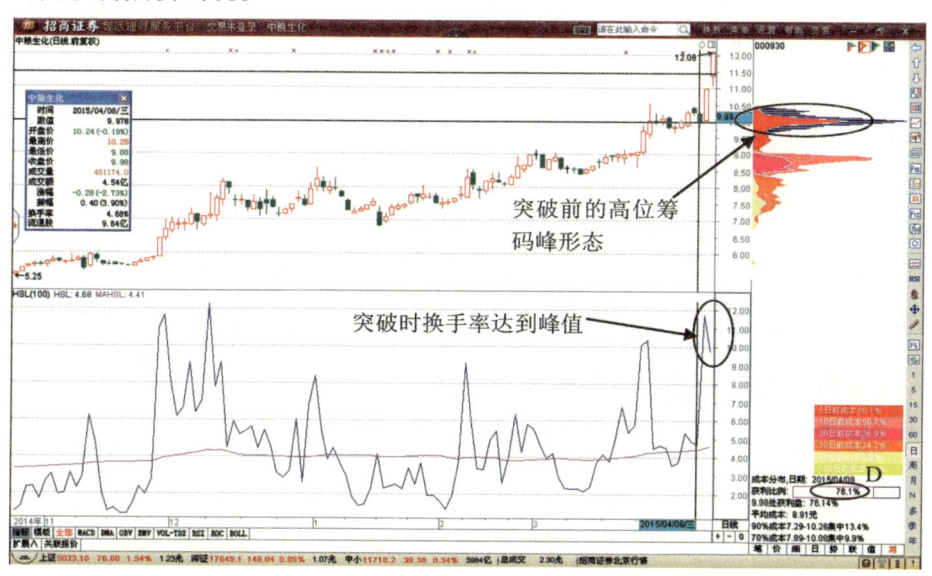

图3-5 中粮生化日K线图

实战要点：

1. 从价格表现来看，图中股价横盘运行在历史高位的时候，我们发现买点就出现在换手率高企的时刻。横盘运行表明价格走势较强，而换手率高企表明价格能够顺利企稳，意味着投资者的盈利机会增加。

2. 从筹码形态来看，图中股价横盘期间，价格高位筹码单峰已经出现，表明投资者的持仓成本进一步集中。这样，价格放量突破后更容易出现单边行情。

3. 从换手率指标来看，图中换手率指标快速飙升，已经达到了相对高位。

在股价迟迟没有形成突破的时候,这种高位换手率的情况对价格突破至关重要。特别是大量资金流入的时候,换手率会很高,这样股价能够被快速拉升到高位。该股顺利突破了筹码峰的价格走势,恰好说明了这点。

本段小结:实战当中,我们判断换手率高企拉动价格突破历史高位,这个时候追涨无疑是不错的机会。换手率高企对价格走强产生推动效果,我们介入得越快,盈利空间也会更大。

突破期间交易机会解读

在价格接近了拉升高位的时候,换手率高位运行的时候,我们可以寻找价格回调的机会建仓。股价脱离历史高位以后,价格回调便是买入股票的机会了。随着多头趋势的延续,股价回调以后还是能继续上涨,那么我们考虑高位建仓没有任何问题。

换手率高企的时候,价格表现会非常强势。换手率短线回调,那么股价也会出现调整。价格重新回调到前期高位,是短线买入股票的机会。实

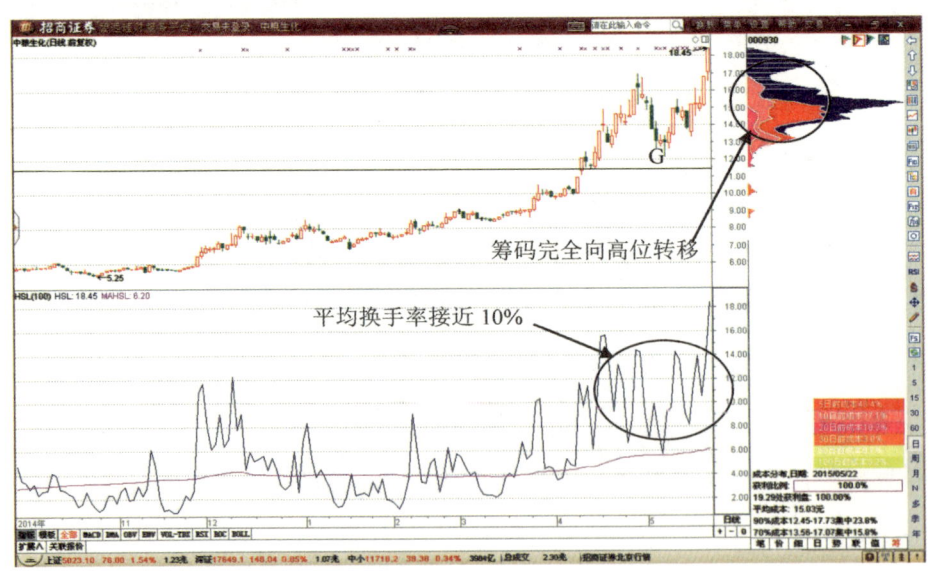

图 3-6 中粮生化日 K 线图

际上，当股价回调前期高位以后，我们在价格接近拉升高位的时候买入股票，能够重新获得廉价筹码。

换手率处于高位运行，价格短线回调为进一步上涨创造机会。如果我们的判断正确，接下来的时间里股价轻松突破筹码峰压力区，我们快速介入必然盈利。

实战要点：

1. 从日 K 线价格表现来看，股价突破历史高位以后冲高回落。图中 G 位置对应的回调点，是我们低吸买入股票的机会。G 位置处于价格冲高后的短线低点，自然是不错的抢筹价位。

2. 从图中换手率指标来看，股价回调的时候，换手率已经回落到短线低点，这是股价短线回调的建仓信号。考虑到换手率指标依然高位运行，指标短线回落是为股价进一步上涨创造条件。

本段小结：我们根据换手率指标买入股票的时候，可以规避换手率高企价格回升的阶段。考虑在换手率短线回调，股价调整到支撑位的时候买入股票，更容易降低持仓成本和提高盈利。而股价突破历史高位以后回调，本例中的 G 位置便是理想追涨点位。

第四节　主力获利丰厚突破

从 K 线图来看，如果股价已经出现了明显的跳空回升走势，那么我们判断主力投资者已经获利丰厚。这个时候，价格如果已经接近历史高位，那么突破走势会很快出现。主力有实力拉升股价突破历史高位。特别是在主力获利丰厚的情况下，价格顺势突破历史高位就不难了。我们追涨买入股票，可以在股价快速回升期间盈利。

突破阶段筹码分析

在股价放量回升期间，价格上涨空间越大，跳空上涨次数越多，投资者盈利空间越大。当然，与散户投资者同时盈利的，还有资金主力。既然投资者盈利空间很大，那么接下来的时间里，股价就容易突破历史高位了。盈利空间大的情况下，即便主力动用一些资金继续拉升股价，相比高额收益，也不会承担过多风险。那么一旦股价突破历史高位，主力投资者的盈利空间迅速扩大，这将为投资者带来不错的回报。

当我们发现价格形态上出现了明显的跳空缺口的时候，可以考虑在股价接近拉升高位的时候买入股票。当然，则取决于股价放量突破历史高位的力度。如果股价能够放量突破历史高位，那么我们追涨买入是没有问题的。

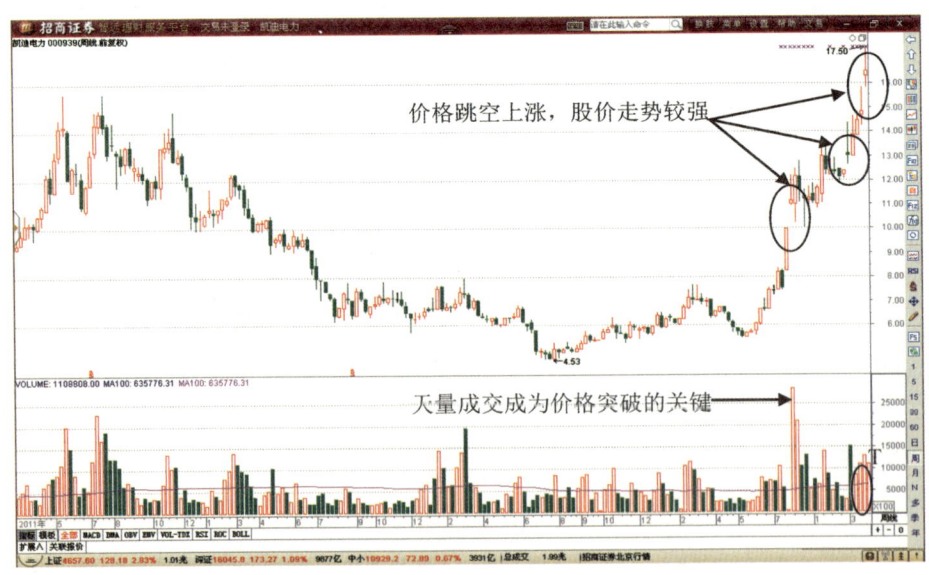

图 3-7 凯迪电力周 K 线图

实战要点：

1. 从周K线的价格表现来看，该股明显在回升趋势中运行，并且出现了跳空的情况。跳空缺口出现了三次，这是股价强势运行的表现。三次跳空以后，该股已经接近历史高位。

2. 从成交量来看，图中量能明显放大的情况下，我们判断该股的跳空突破非常有效。而接下来股价继续跳空上涨的时候，我们判断股价上行趋势得到加强。如果这个时候买入股票，还是有机会盈利的。

3. 图中股价接近历史高位的时候，T位置的成交量维持高位，这也为价格继续回升创造了条件。我们有理由相信，在量能推动下，该股继续突破历史高位的概率很大。

本段小结：周K线图中价格跳空回升，显示主力拉升价格的意图明确。并且，连续跳空上涨以后，主力投资者有足够的信心继续拉升股价突破历史高位。据此，我们判断建仓交易机会，是没有问题的。

突破期间交易机会解读

跳空缺口出现在拉升高位附近，这是股价继续放量突破的信号。特别是一字涨停板的跳空缺口出现以后，价格短线表现非常强势，追涨期间依然有利可图。考虑到股价接近拉升高位前出现了三个跳空缺口，那么在历史高位附近继续跳空，显然是典型的追涨信号了。

通常，跳空缺口出现以后价格可以获得较强的支撑。即便股价短线回调，在回调获得支撑以后股价依然震荡回升。我们可以在股价回调至突破缺口下方的时候建仓，那么就有机会继续获得收益。

实战要点：

1. 从日K线价格走势来看，该股跳空突破了历史高位的时候，交易机

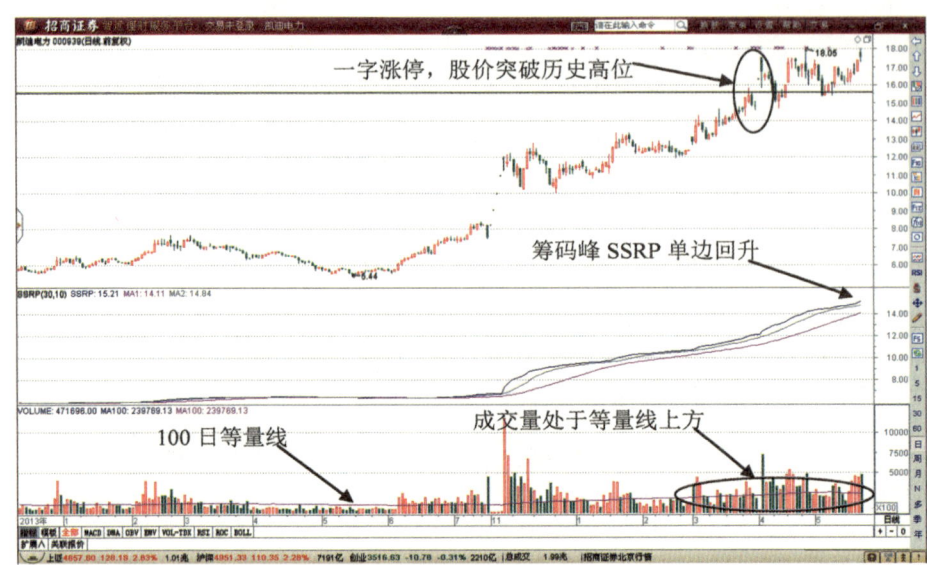

图 3-8 凯迪电力日 K 线图

会已经形成。这个时候，股价短线冲高回落，缺口下方股价调整的机会，我们可以趁机低吸建仓。

2. 从筹码峰指标 SSRP 的运行情况来看，该指标已经明显走强的情况下，交易机会出现在价格回调之时。考虑到股价回升的大趋势，结合成本指标 SSRP，我们自然能够挖掘到压力机会。

3. 从成交量来看，当量能持续放大的时候，该股运行在价格高位。图中量能稳定在等量线上方，为价格强势运行创造了机会。成交量稳定在 100 日等量线上方的时候，价格难以出现明显的回调。

本段小结：价格跳空突破历史高位以后，价格上涨的阻力明显减少。特别是一字涨停板的价格走势出现之时，我们判断股价能够继续走强。这样，如果股价冲高回落，我们追涨自然有利可图。

第五节　跳空突破超级筹码峰

在股价回升到历史高位下方以后，筹码峰可以是非常集中的形态。那么这个时候，如果成交量没有有效放大，股价很难突破筹码峰的压力区。如果股价以跳空上涨的形式突破筹码峰对应的压力区，那么突破会是非常有效的。而价格突破历史高位的压力区以后，股价涨幅惊人，我们应该把握好价格跳空突破筹码峰的买点，追涨便可以盈利。

突破阶段筹码分析

股价大幅上涨的速度很快，但是却在接近拉升高位的时候出现调整走势。这表明，历史高位的做空压力较大，以至于我们不得不考虑卖出股票，以便规避价格调整风险。实战当中，卖出股票自然减少了损失，也失去了持股盈利的机会。

当股价回升至历史高位下方的时候，价格横盘时间越长，短线高位聚集的筹码规模越大，这有助于价格继续上涨。如果我们考虑根据筹码形态和价格突破判断交易机会，显然是非常可靠的。价格高位的筹码峰位置压力较大，股价突破必然需要有效放量才行。而量能如果已经出现明显的放大，那么价格突破就没有问题了。

实战要点：

1. 从日K线图价格表现来看，该股运行在高位期间，调整时间较长。在调整结束以后，筹码单峰形态已经出现，这有助于价格突破压力位。

2. 从SSRP指标来看，股价横向调整的过程中，该指标强势运行，这

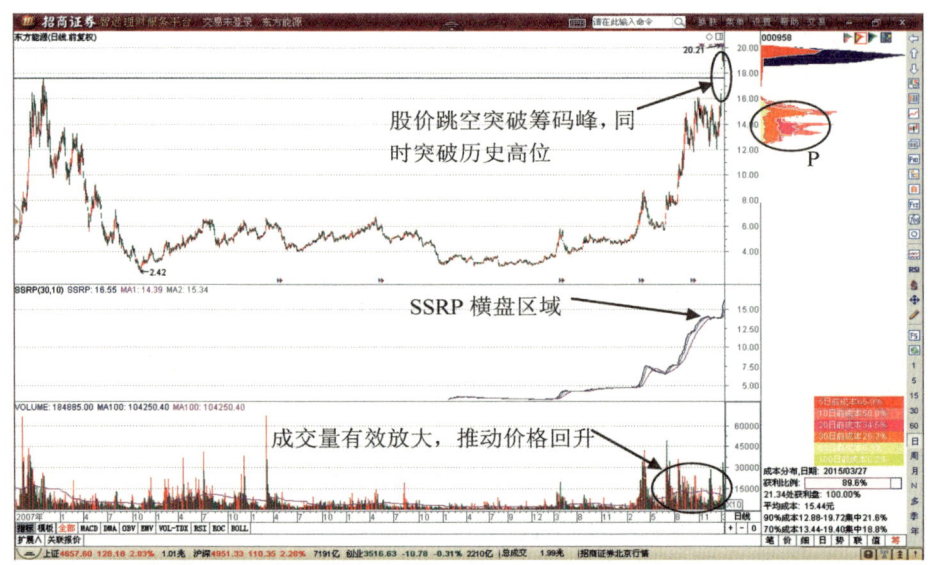

图 3-9 东方能源日 K 线图

对于价格上涨显然是个利好。

3. 从成交量来看，图中量能有效放大期间，我们发现股价轻松突破了 P 位置的筹码单峰。这表明，该股走势还是很强的。筹码主峰被突破之后，该股上涨期间的压力明显减轻，股价自然突破了拉升高位。

本段小结：历史高位下方筹码峰规模较大，价格突破显然需要量能放大。而日 K 线图中该股明显放量突破了筹码峰所在价位，是股价继续走强的重要信号。

突破期间交易机会解读

当成交量有效放大以后，股价突破筹码峰的过程中，我们考虑追涨买入股票，自然能够短时间内盈利。价格以筹码主峰为支撑点上涨，短线突破历史高位的力度较大。这个时候，我们追涨买入股票，自然盈利空间很高了。

第三章
价格突破的筹码形态分析

通常，规模较大的筹码峰做空压力较大，股价应该以放量涨停大阳线突破压力位，才能出现真实的回升趋势。根据价格突破阶段的表现，我们发现如果股价放量涨停，或者是以一字涨停板的形式突破历史高位，那么我们追涨买入股票自然是可以盈利的。

图 3-10 东方能源日 K 线图

实战要点：

1. 从日 K 线图价格走势来看，该股明显出现了一字涨停走势。一字涨停板出现以后，股价突破历史高位压力区。当股价打开涨停板的时候，该股已经处于历史高位上方。我们可以在股价调整期间买入股票。

2. 从筹码形态来看，图中 Y 位置的筹码规模依然很大，这个位置是股价横向调整的重要支撑位。当价格突破历史高位以后，Y 位置的筹码大量存在，表明主力投资者还没有完全出货，该股回升势头将得到延续。

3. 图中成交来量的表现来看，F 位置的量能达到了天量的时候，接下来 S 位置的量能处于高位运行。很明显的是，这种处于 100 日等量线上方的量能为推动价格上涨提供了很好的动力。

本段小结：价格突破历史高位的过程中，以历史高位下方筹码峰为支撑的价格上涨走势得到延续。我们判断股价回升趋势延续的信号，也是根据价格低点筹码峰的规模判断。既然筹码规模较大，股价又能够获得支撑上涨，那么我们的盈利机会自然会很多了。

第六节　超级筹码三峰支撑价格突破

当股价放量回升并且接近历史高位的时候，支撑效果越强，价格下方的筹码峰规模越大。很多时候，筹码峰并非单一的峰形，而是多个筹码峰组成。特别的，如果出现了明显的三个筹码峰以后，那么股价获得的支撑更强。如果股价已经接近历史高位，并且开始放量上涨，那么筹码三峰对价格的支撑不容忽视。我们应该把握好买点，以便提升盈利空间。

突破阶段筹码分析

当价格高位出现了筹码峰的时候，筹码峰的规模越大，价格获得的支撑越强，股价上涨潜力也会更高。那么根据筹码峰的形态和价格走势，我们判断股价突破历史高位筹码的时候，是不错的追涨机会。

实战当中，筹码完成了三个峰形态的时候，是价格调整结束的信号。这个时候，股价以筹码峰为支撑震荡回升，我们能够发现不错的买点。随着多头趋势的延续，我们发现价格反弹至历史高位附近的时候，我们短线买入股票的盈利机会较高。

第三章
价格突破的筹码形态分析

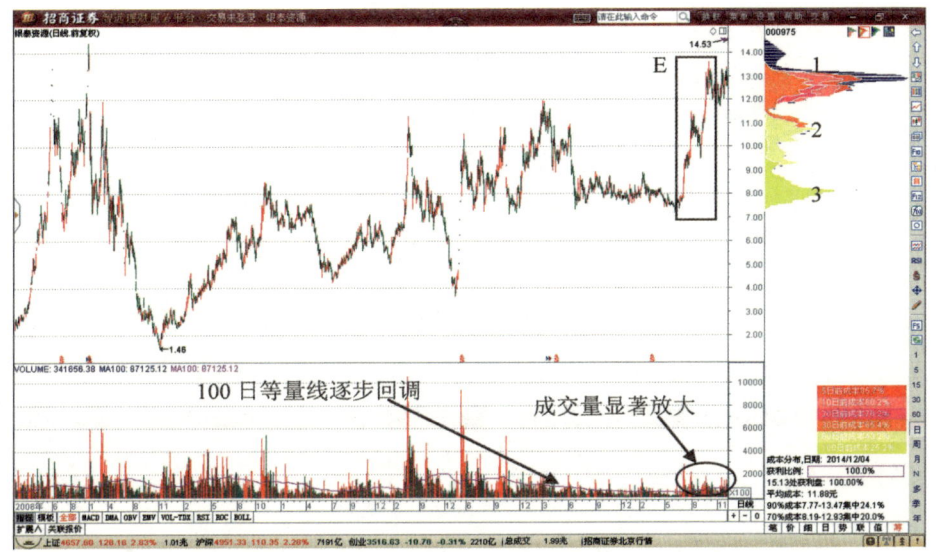

图 3-11 银泰资源日 K 线图

实战要点：

1. 从日 K 线图价格走势来看，该股在图中的 E 位置明显出现了反弹走势。股价经过调整以后强势运行，确立了明显的回升势头。这期间，如果价格继续走强突破压力位，我们很容易确认买点。

2. 从成交量的变化来看，在股价强势反弹期间，100 日等量线处于低点，而成交量轻松突破该等量线。这表明，主力投资者正在主动买入股票，使得价格涨幅达到历史高位。

3. 从筹码形态来看，图中 1、2、3 三个位置的筹码峰形态非常明显。股价已经能够企稳在筹码峰 2 和筹码峰 3 上方，不过价格还未明显脱离筹码峰 1。等待价格脱离筹码峰 1 的时候，拉升高位的压力区自然会被突破。

本段小结：从以上分析来看，筹码呈现出 1、2 和 3 筹码峰形态。这期间成交量有效放大的时候，价格一旦突破筹码峰 1，那么股价必然有效突破历史高位。这个时候，我们的交易机会自然会出现。

75

突破期间交易机会解读

判断价格突破的效果，出来有效放大是必须关注的地方。筹码峰主力较大，放量大涨才是价格突破的根本。放量上涨的时候，即便我们没能短线买入股票，等待价格调整的时候介入，都可以获得筹码。

筹码峰形态越是明显，对价格上涨的压制越强。量能放大以后价格连续放量上涨完成突破走势。这个时候，任何阻力都不能阻止价格继续上行。以被突破的历史高位作为支撑点，股价上涨趋势将得到延续。

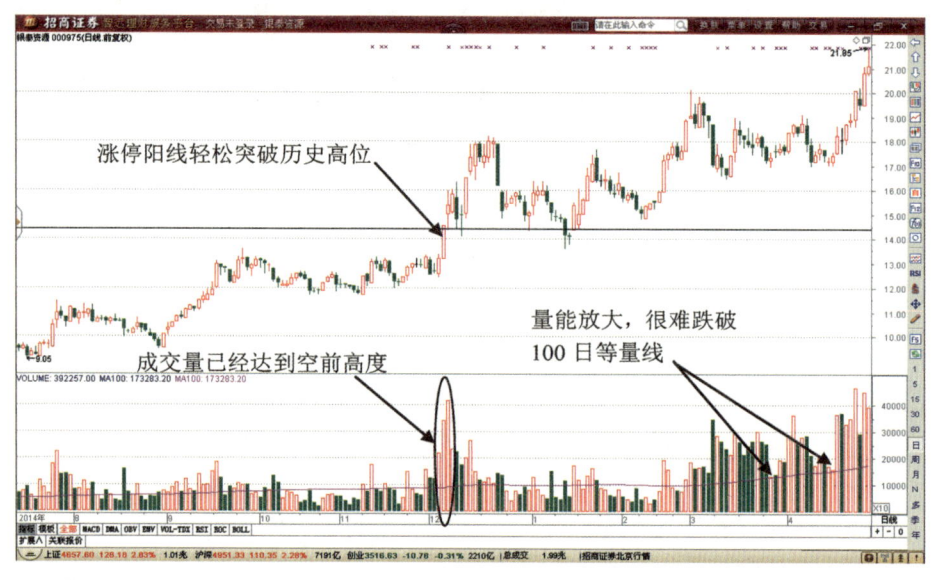

图 3-12 银泰资源日 K 线图

实战要点：

1. 日 K 线图中价格走势来看，股价放量涨停以后，大阳线收盘在历史高位上方，这是多头趋势延续的重要信号。放量阳线提供的支撑非常有效，而我们趁机买入股票，便能够获得比较好的收益了。

2. 从成交量来看，图中量能连续三个交易日放大，这是推动价格突破的重要基础。而量能处于 100 日等量线上方，股价运行依旧强势。

3.在股价放量突破历史高位以后,当价格运行在历史高位上方的时候,我们发现量能有效放大。成交量处于100日等量线上方,这明显推动价格继续走强。我们在这期间提高持股数量,可以很快扩大收益。

本段小结:成交量有效放大,从来都是价格突破的重要推动因素。量能越高,价格突破力度越大,股价越能够持续回升。本例中,我们判断筹码峰对价格上涨的支撑较强,而量能放大的时候,价格轻松突破历史高位,交易机会会源源不断地出现。

第七节　脉冲筹码支撑股价突破

在价格回升阶段,股价调整走势经常出现,调整之时也是筹码峰出现的时刻。调整次数越多,筹码峰越多,脉冲筹码峰就是在股价频繁调整的时候形成的。如果脉冲筹码峰较多,股价已经处于历史高位下方。这个时候,价格高位的筹码主峰规模较大,股价脱离筹码主峰以后,会出现较大涨幅。我们可以根据价格突破特点把握买入股票的时机,以便获得投资回报。

突破阶段筹码分析

当股价持续回升的时候,我们发现筹码形态可以是脉冲形式出现。也就是说,筹码可以出现非常多的"峰形"。每一次筹码峰出现的时候,都是股价短线调整的时候。而股价放量上涨的时候,价格突破筹码峰以后,新的筹码峰会形成。我们判断筹码向价格高位移动的过程中,交易机会也自然形成。那么我们随后买入股票,自然能够大幅度提升盈利空间。

当我们发现筹码呈现出明显的脉冲形态的时候,股价突破价格高位筹码峰的时候,是存在交易机会的。价格高位的筹码峰规模相对较大,那么价格突破就需要一定的放量才行。特别是,股价接近了拉升高位,而历史高位附近出现了明显的筹码峰。随后,我们根据筹码峰形态判断价格突破的交易机会,我们把握好买点就能够获得成功了。

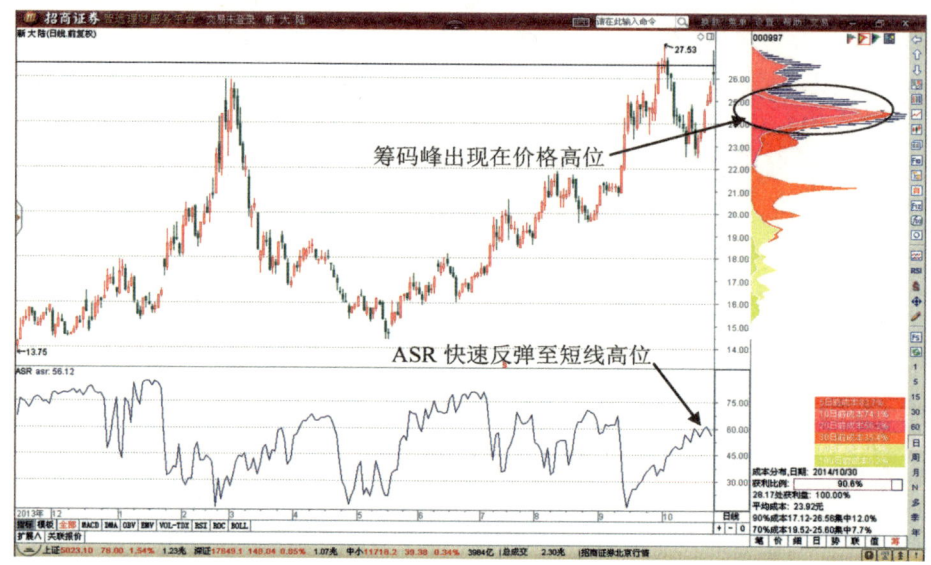

图 3-13 新大陆日 K 线图

实战要点:

1.从日 K 线图来看,股价回升到历史高位附近的时候,价格出现了明显的调整形态。在该股接近历史高位的时候,股价波动空间加大,我们短线低点的建仓机会依然存在。

2.从筹码形态来看,拉升高位下方的筹码单峰规模较大。可见,股价要想突破历史高位,阻力还是很大的。若没有明显的放量拉升,该股很难出现相应的突破走势。

3.图中浮筹指标 ASR 反弹至短线高位,是浮筹增加和价格遇阻的信号。当然,量能放大的时候,价格脱离浮筹区域以后,我们持股盈利的机会也

第三章 价格突破的筹码形态分析

是很多的。

本段小结：当筹码明显向价格高位转移以后，我们发现，更多的交易机会出现在股价突破历史高位的时候。脉冲的筹码不断向高位移动，这也为股价提供了很好的突破基础。价格处于历史高位下方，同时也是高浮筹价格区域，自然是我们提升盈利的重要看点。

突破期间交易机会解读

当股价顺利突破了历史高位的时候，是放量突破的结果。价格高位浮筹较多，股价能够突破筹码峰，自然能够推动价格继续上行。不管怎样，我们应该把握好价格突破的建仓交易机会。

在价格突破期间，股价可能会在历史高位附近持续调整，这虽然不影响股价再创新高，却使得投资者容易放弃持股策略。那么如果我们想要继续盈利，应该密切关注价格动向。当股价有效回升并且脱离历史高位的时候，就存在追涨的机会了。这种交易机会不容忽视，我们早一些介入就早一点盈利。

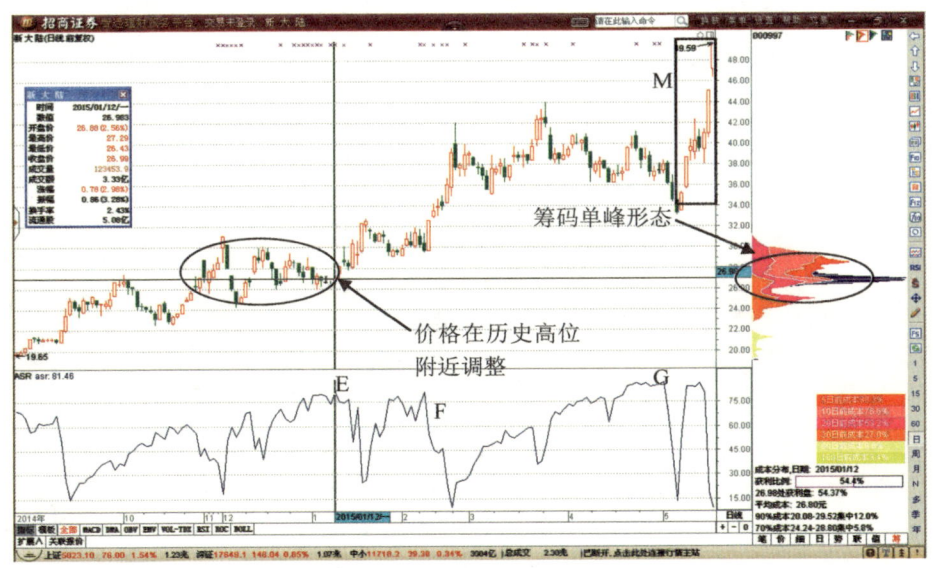

图 3-14 银泰资源日 K 线图

实战要点：

1.日K线图中显示，当股价放量上涨的时候，图中位置股价脱离了历史高位。图中E位置的高浮筹区域被突破，是追涨的信号。

2.接下来，当股价突破历史高位以后，调整之时浮筹达到了F位置的高点，也是价格继续走强的买点了。高浮筹的F位置是股价再次启动的起始点，建仓价位较低，我们应该把握好交易机会。

3.同样的交易机会出现在价格走强的时候，图中G位置是高浮筹区域，同时也是价格走强前期的买点。股价放量脱离浮筹区域以后，价格在M位置的涨幅较大，我们能够盈利丰厚。

本段小结：在股价突破历史高位的过程中，高浮筹区域的建仓机会不容忽视。高浮筹区域的价格上涨压力虽然较大，但是股价依然能够维持强势运行状态。这表明，股价突破随时有可能出现，而我们买入股票后自然能够盈利。

第四章

指标看价格创新高

在价格达到历史高位的时候，突破期间技术指标也会出现一些明显的变化。指标异动提示我们突破走势已经形成，把握好建仓机会，还需根据指标来具体判断。技术指标的异动包括浮筹指标ASR指标的回落、MACD指标的创新高、HSL突破、RSI强势超买、SSRP单边回升以及突破历史筹码峰等情况。我们在这些指标出现变化的时候建仓，盈利还是非常容易的。

第四章 指标看价格创新高

第一节　ASR回落脱离高浮筹形态

ASR是当前收盘价上下各0.75格的价格空间内的筹码量。指标数值越大，表明浮筹越大，价格脱离浮筹区域的阻力越强。

浮筹指标ASR持续回升的时候，表明浮筹正在增加，价格走强的压力较大。不过如果成交量有效放大，价格多次挑战历史高位压力区，那么突破走势就会出现。在价格反弹期间浮筹指标ASR持续回升，这是筹码向高位聚集的信号。股价短线上涨并且突破历史高位压力区，同时也突破了浮筹集中区域，这是我们追涨获利的机会。

突破阶段指标分析

当浮筹调整到高位的时候，股价突破浮筹区域，其实就是价格脱离筹码峰的过程，也是追涨信号出现的时刻。如果浮筹指标ASR持续单边回升，那么该指标回升到高位的时候，便是价格达到压力位的时刻。同时，也是股价突破高浮筹区域、建仓时机出现的时刻。

实战当中，如果股价已经回升到历史高位，并且浮筹指标 ASR 也达到了历史高位，那么将是我们买入股票盈利的机会。浮筹指标 ASR 回升持续时间较长，但是快速回落只需价格放量上涨即可实现。ASR 快速回调的时候，股价突破压力位，是价格加速上涨的信号。同时，也是我们买入股票的重要时机。

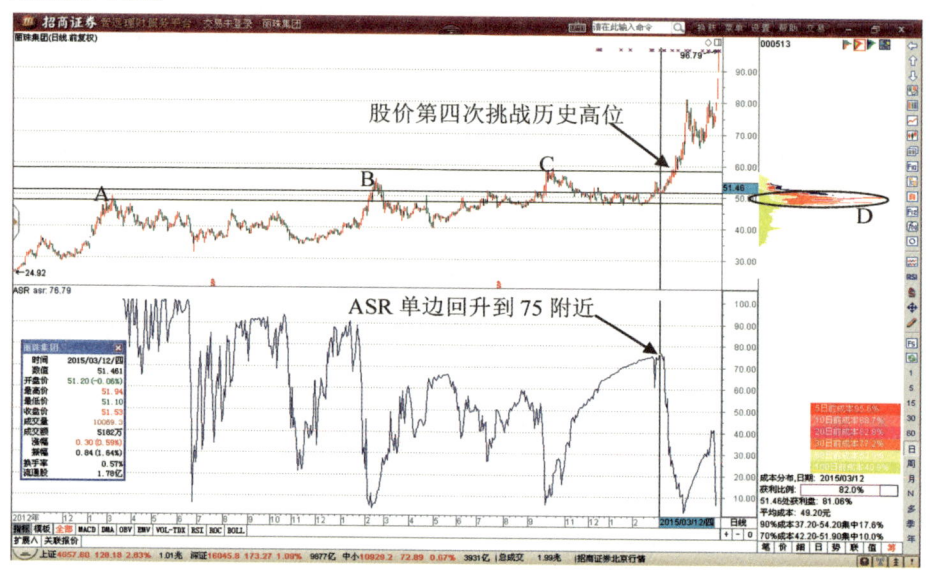

图 4-15 丽珠集团日 K 线图

实战要点：

1. 当股价回升到历史高位的时候，我们发现浮筹越大，价格突破压力位以后涨幅越大。实战当中，我们应该把握好突破口的建仓交易机会，便可以获得较好的回报。图中 B 和 C 位置股价两次挑战历史高位。而接下来的时间里，股价第三次突破历史高位，表明买点依然存在。

2. 从筹码形态来看，D 位置的筹码单峰形态完成以后，价格只要突破筹码峰，建仓机会自然出现。如果有成交量放大配合，股价突破压力位后我们自然盈利。

3. 从浮筹指标 ASR 的走向来看，当该指标持续回升到 75 的高位时，表明浮筹大量存在于价格高位，这显然是压力增大的信号。同时，也是股价突破的重要机会。该指标从 75 的高位快速杀跌，表明价格上涨后很快脱离筹码峰，那么建仓机会自然已经形成。

本段小结：浮筹指标 ASR 单边回升到高位，筹码峰调整到单峰形态，都说明当前价位浮筹较多，股价具备了上涨的基础。等待股价放量上涨的时候，价格很快脱离高浮筹区域，显示多头趋势得到确认。我们这个时候尽可能买入股票，可以轻松盈利。

突破期间交易机会解读

当股价突破了历史高位以后，价格也就脱离高浮筹区域。当价格回升到历史高位以上的时候，我们会发现浮筹指标依然会反弹回升。而股价继续回升以后，再次脱离价格高位的浮筹区域，股价上涨趋势将得到加强。

价格回升趋势不可能一蹴而就，当股价出现调整走势的时候，我们会发现调整期间浮筹指标 ASR 也会达到短线高位。只要浮筹依然存在，价格上涨后就可以突破浮筹存在的压力区。这样，股价脱离高浮筹区域的次数越多，价格冲高的次数也会更多。我们买入股票的时候，都能够获得收益。

实战要点：

1. 价格回升期间，我们发现股价明显突破了历史高位。股价连续回升期间，追涨交易机会非常明显。而接下来股价冲高回落后 R 位置依然存在建仓机会。

2. 从成交量来看，股价突破历史高位期间，图中成交量密集放大。量能有效放大期间，价格回升潜力得到释放。

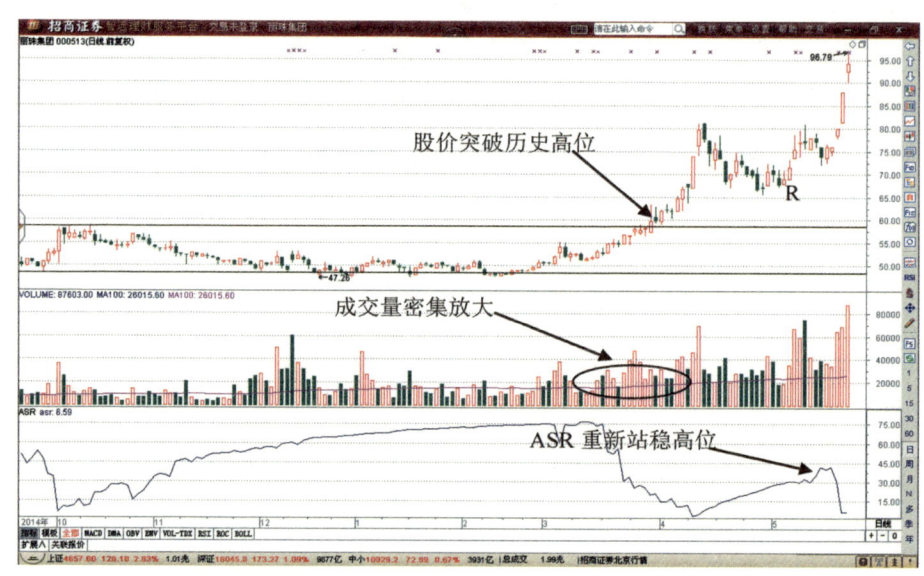

图 4-16 丽珠集团日 K 线图

3.通过浮筹指标 ASR 来看，股价突破历史高位前浮筹显然处于高位。而该股突破历史高位以后，浮筹指标也会不断在调整期间反弹至高位。那么股价继续脱离高浮筹区域，便是买点了。

本段小结：股价突破历史高位以后，浮筹指标反弹至短线高位。而 R 位置便是价格突破浮筹的买点了。高浮筹存在意味着散户投资者短线介入明显，价格依然会在接下来的时间里再创新高。

第二节　MACD 创新高拉升均线发散

MACD 称为指数平滑异同平均线，由周期不同的两条指数平滑移动平均线差值及差值平均线来描述均线变化，提示投资者交易机会。

第四章 指标看价格创新高

MACD 指标走强的时候，指标中的 DIF 线再创新高，这是推动均线向上发散的重要信号。如果 MACD 指标加速回升之时，价格正处于历史高位附近，那么这种回升趋势将不会轻易结束。实战当中，我们可以 MACD 指标的回升趋势判断均线发散趋势，在均线发散的过程中买入股票，提升盈利空间。

突破阶段指标分析

在股价回升期间，我们通过 MACD 指标的变化判断均线的发散趋势。该指标的 DIF 线回升到高位的时候，买入股票的机会就会出现。DIF 回升到高位表明均线已经开始发散，并且发散趋势得到不断确认。短线均线远离长期均线以后，股价回升趋势难以逆转。根据 MACD 指标来判断均线发散趋势，价格达到历史高位的时候，我们不难发现买点。

实战当中，DIF 回升期间，均线向上发散的趋势不会逆转。价格突破历史高位期间，我们有机会把握好买点。那么随后 DIF 继续向上发散的时候，均线向上发散和股价上行趋势得到加强。股价上涨速度较快，尽快持股才能盈利。

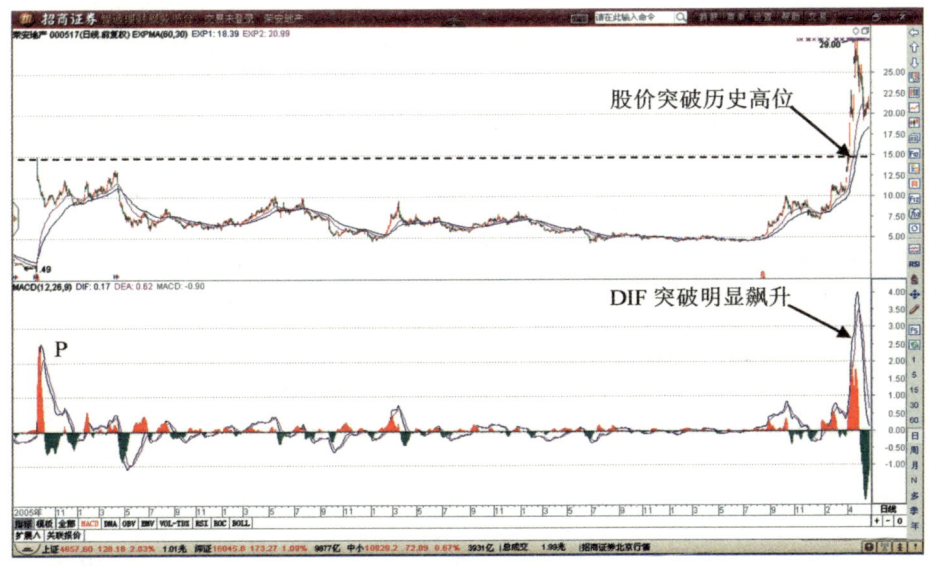

图 4-17 荣安地产日 K 线图

实战要点：

1.当股价突破历史高位的时候，我们发现股价的上行速度很快。可以说，股价回升趋势是在加速中完成的，而我们继续持股，短线就可以获得较高回报。

2.在价格上行期间，DIF线加速上涨，并且已经显著突破了历史高位P对应的压力区。可见，DIF已经突破压力位，而均线发散的程度更加明显，我们盈利的机会还是很多的。

本段小结：MACD指标的DIF线强势回升，表明价格突破的力度很大，多头趋势得到很好的延续。如果没有明显的抛售情况出现，股价在均线发散期间的上行趋势很难逆转。

突破期间交易机会解读

当股价脱离低点以后，股价回升潜力越大，那么均线发散程度越明显。这个时候，我们只要根据MACD指标中的DIF线走向，就能够判断价格回升期间的买点。实战当中，DIF线回升空间越大，价格就有潜力再创新高。当价格接近历史高位的时候，DIF继续回升，那么均线发散趋势加快，股价便可以突破历史高位了。

事实上，在股价突破历史高位的时候，MACD指标是持续回升的。而这个时候的成交量有效放大，推动价格突破历史高位。价格很难在这个时候出现调整，而大阳线的回升走势却容易形成。

实战要点：

1.从价格走势来看，图中股价连续涨停突破的时候，我们能够发现非常明显的交易机会形成了。股价有效突破历史高位，并且很少出现明显的回调，表明价格走势还是很强的。

2.从成交量来看，图中量能有效放大的时候，推动价格上涨的因素正

第四章 指标看价格创新高

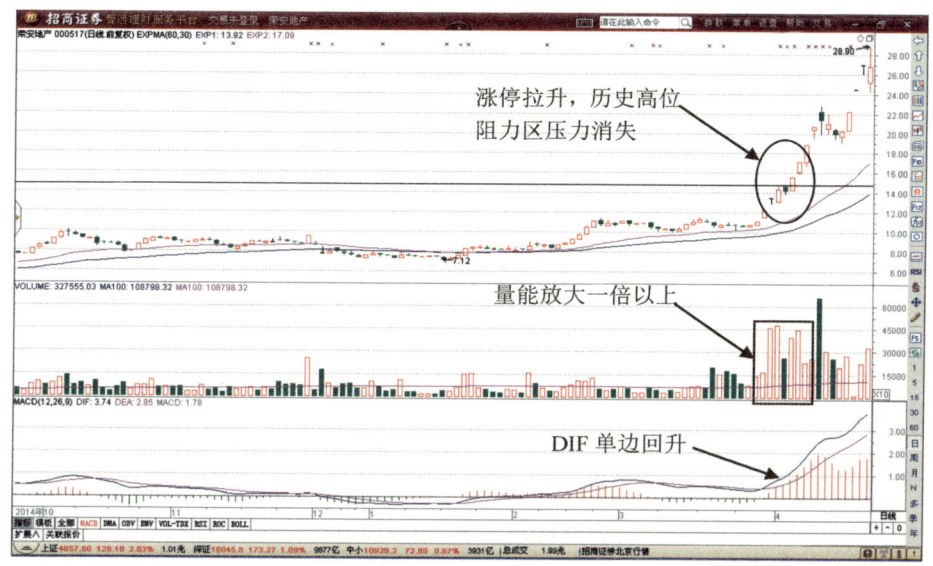

图 4-18 荣安地产日 K 线图

在增加。量能放大效率很高，价格表现强势，股价就容易突破高位了。

3. 从图中 MACD 指标来看，DIF 线不仅处于 0 轴线上方，也处于 DEA 线上方，表明指标走强已经难以逆转。

本段小结：在价格放量回升期间，关注 MACD 指标中 DIF 线的表现，我们可以发现均线发散的程度以及价格即将突破的重要信息。均线发散后，价格很快走强，交易机会就呈现在投资者面前。

第三节　HSL 处于超高位

HSL 指标是用来衡量当日成交股票数量占全部流通股百分比的指标，该指标越大，表明股票在投资者之间转移的数量越多，价格越活跃。在股价回升期间，高换手率意味着价格更容易回升，上涨潜力也很大。

当我们判断换手率指标处于高位运行的时候，价格回升就很容易了。即便股价已经回升并且接近历史高位，考虑到换手率指标处于高位运行，价格走势非常活跃。股价这个时候走强的概率很高，追涨后的盈利空间较大。超高换手率为主力建仓提供了机会，这也成为我们追涨买入股票的信号。

突破阶段指标分析

从换手率指标来看，该指标达到高位的时候，表明股票活跃度非常高，这类股票容易出现单边突破的回升走势。特别是价格涨幅达到历史高位附近的时候，这个时候我们买入股票，可以很容易就获得成功。

主力拉升股价前，一定会做大量的工作，而放量拉升股价便是非常重要的操作方式了。放量拉升股价的时候，不仅可以增加持股数量，也能够迫使散户投资者主动卖出筹码，提高散户的持仓成本。当换手率温和放大，或者在某个阶段显著回升的时候，股价就容易脱离历史高位了。那么考虑在这个时候买入股票，都能够轻松地盈利。

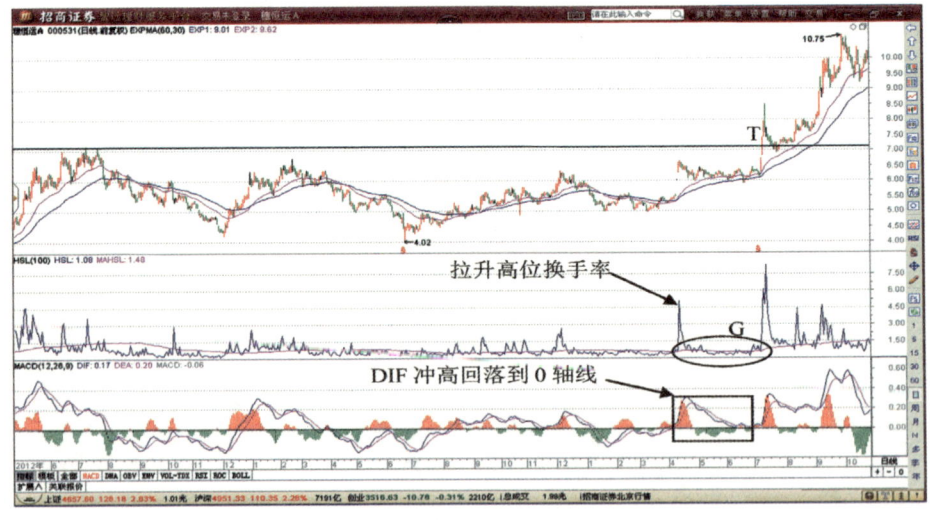

图 4-19 惠恒云 A 日 K 线图

实战要点：

1. 图中股价震荡回升，在突破历史高位的时候，图中 T 位置价格突破速度较快，是明显的回升趋势加强的信号。

2. 当换手率处于高位运行的时候，我们发现图中换手率达到很高程度，而图中 G 位置也延续了放量状态。那么该股走势还是很强的，在股价回升过程中，突破历史高位显然是不成问题的。

3. 从图中 MACD 指标变化来看，DIF 线突破 0 轴线期间，交易就已经形成。该指标处于 0 轴线上方，我们判断股价走势也非常强。那么这个时候持股，自然会在股价突破期间盈利。

本段小结：换手率指标回升以后，价格走强的概率非常高。特别是主力投资者拉升股价的时候，我们会发现明显的交易机会已经出现。我们关注换手率处于高位的个股，能够提早发现价格突破历史高位前的买点。尽早准备，我们盈利的概率就比较高了。

突破期间交易机会解读

股价突破历史高位前，换手率通常会处于高位运行。我们不仅要关注个股在一段时间里的换手率情况，也需要关注短线换手率的放大情况。如果换手率短线放大，我们显然不能忽视这种突破前的交易机会。

实战当中，换手率处于短线高位的时候，价格上涨的概率就很高了。实际上，换手率指标处于高位，表明主力投资者正在运作股票。即便股价短线回调，如果价格跌幅不大，那么这种放量运行的状态很容易转变为加速回升的走势。结合换手率指标和价格即将突破历史高位的现状，我们不难发现股价回升期间的交易机会。

图 4-20 惠恒云 A 日 K 线图

实战要点：

1. 从价格走势来看，图中股价加速上涨的时候，连续回升的大阳线明显突破了拉升高位压力区。可见，该股走强的基础非常好，那么股票拉升高位以后，股价可以继续回升。

2. 从换手率指标来看，图中 H 位置的换手率指标处于短线高位，显然是价格突破前的信号了。主力在这个时候已经开始介入，换手率回升便是重要建仓机会。

3. 从回升后价格突破力度来看，CYQKL 达到图中的 K 位置，表明股价突破效率很高。那么突破以后，该股的盈利自然较大。

本段小结：实战当中，当我们确认换手率已经处于高位运行的时候，那么价格突破的概率就很高了。换手率提前回升到高位，表明主力已经开始运作。那么如果主力在这个时候放量拉升股价，我们不会感到意外。

第四章
指标看价格创新高

第四节　RSI 强势超买突破

RSI 指标是衡量上涨天数占交易日总数百分比的指标。该指标在一定的计算周期内，数值在 0 到 100 之间波动，表明上涨天数占比情况，体现了股价短线走势的强弱。当指标较强的时候，说明价格走势较强，当指标跌破 50 线的时候，显示股价走势较弱。

通常，RSI 指标处于 80 以上的超买状态以后，我们应该考虑减少持股数量。不过，价格上涨空间较大并且接近历史高位以后，RSI 指标会同步回升。这个时候 RSI 指标的超买力度较大，指标可以达到非常高的位置，却不是我们减仓信号。相反，RSI 指标的超买力度较大，价格突破历史高位的力度也更强，真实的突破就会出现。那么我们在 RSI 指标强势超买的背景下建仓同样能够获得比较好的回报。

突破阶段指标分析

从价格走势来看，当股价强势突破压力位的时候，指标也会出现一些明显的异动。从 RSI 指标的变化来看，我们发现股价突破历史高位的时候，该指标很容易出现超买的情况。并且，超买期间 RSI 指标可以达到更高的高度。即便前期 RSI 指标也曾出现了超买的情况，价格突破历史高位的时候，超买程度会更加明显。

RSI 指标达到 80 以上更高的位置，表明股价明显突破了压力位。指标超买越是厉害，价格越是容易突破历史高位。我们判断价格突破是否有效果，可以从 RSI 指标的超买来看。多头趋势中，RSI 指标超买幅度更高，并且，指标超买的时间也会更长。那么我们应该把握好 RSI 指标超买期间的买点，在价格突破历史高位的时候把握好建仓机会。

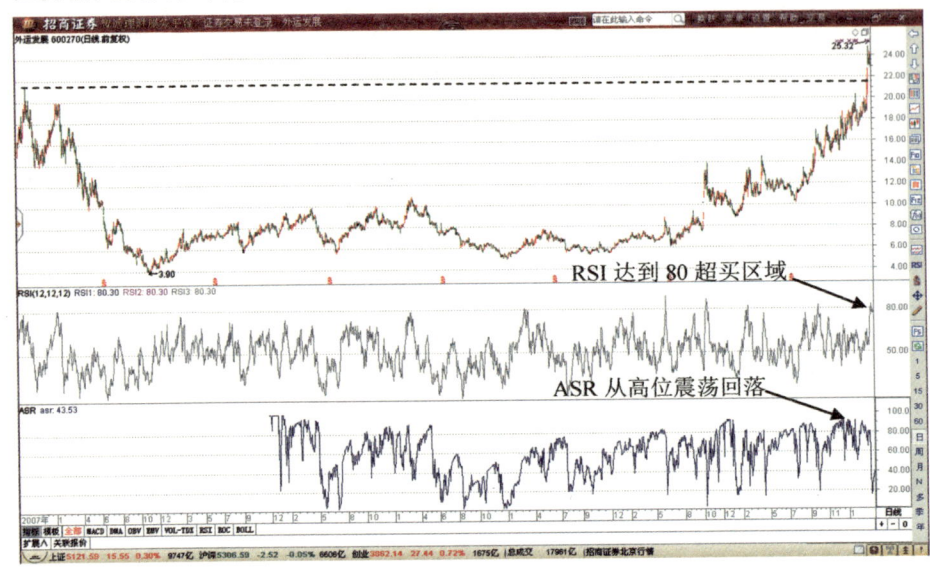

图 4-21 外运发展日 K 线图

实战要点：

1. 从价格走势来看，该股已经持续回升，并且即将突破历史高位。我们可以通过分析 RSI 指标的变化，来挖掘期间的交易机会。

2. 图中 RSI 指标明显达到 80 上方的超买状态，表明股价走势还是很强的。这个时候，我们应该把握好建仓交易机会，获得足够的筹码以后，才能够更好地盈利。

3. 从浮筹指标 ASR 来看，该指标从高位震荡回落。这种 ASR 指标回落的过程中，我们判断价格明显脱离了高浮筹区域。这表明，股价还是会继续回升。那么我们把握好交易机会，自然可以盈利。

本段小结：通过分析 RSI 指标，我们发现超买信号已经形成。接下来的时间里，这种超买时间越长，RSI 指标达到的高度越高，那么股价突

第四章
指标看价格创新高

破历史高位的力度也会更大。接下来的时间里，我们持股的盈利空间也会更高。

突破期间交易机会解读

当股价突破历史高位以后，我们通过分析价格突破走势，就能够发现交易机会。价格突破历史高位的力度越大，突破的效果越好。在RSI指标达到超买状态并且延续超买的时候，距离股价突破历史高位就不远了。

在股价突破历史高位的时候，由于价格走势很强，在一段时间里，这种强势都不会结束。RSI指标虽然不容易达到80以上的超买区域，但是股价突破历史高位的时候，这种长时间的超买就会出现。可见，股价突破历史高位期间，不仅会出现大阳线等突破信号，指标上表明的突破形态也是不容忽视的。股价和指标同步走强，是我们需要关注的地方。

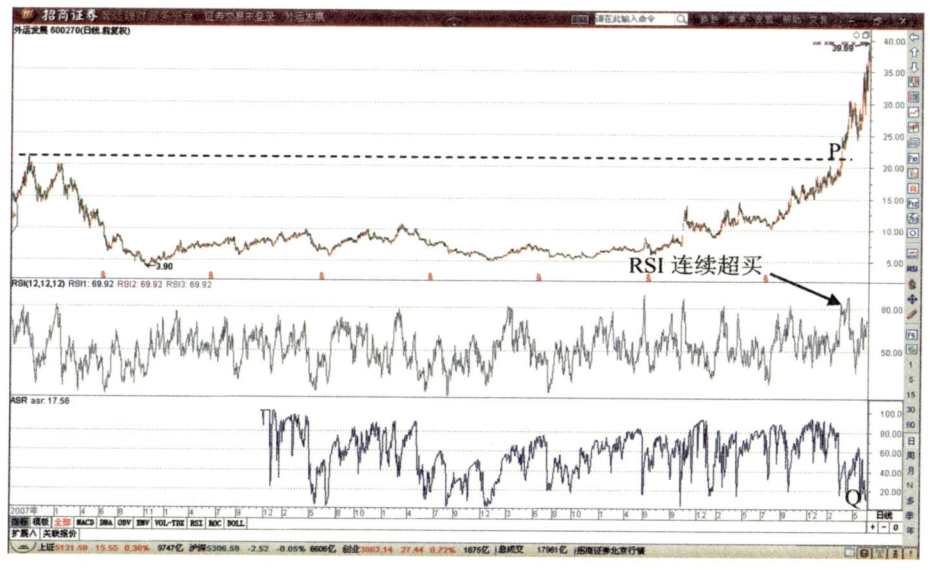

图4-22 中天城投日K线图

实战要点：

1. 通过分析价格回升走势，我们发现图中的P位置价格突破力度较大。经过蓄势以后，股价一次性突破历史高位。

2. 分析RSI指标的变化，我们发现价格突破历史高位期间的指标超买非常明显。该指标明显达到了80上方的时候，超买程度超过了以往任何时刻的指标表现。RSI指标连续超买时间较长，并且达到了比较高的超买位置。

3. 从浮筹指标ASR的表现来看，图中该指标快速回落到Q位置的时候，表明当前价位的浮筹已经非常少。这表明，股价突破历史高位期间明显脱离了浮筹区域。该股的回升潜力依然存在，我们应该把握好持股盈利的交易机会。

本段小结：在价格突破历史高位的时候，鉴于RSI指标的良好表现，我们判断价格走强是具备很大潜力的。指标明确超买，表明股价突破历史高位的走势已经无法逆转。即便是指标超买，我们也应该把握好建仓机会，以便大幅提升盈利空间。

第五节　SSRP单边回升创新高

SSRP指标表明当前价位投资者的总体成本，体现了投资者的总体持仓价位，是我们确认建仓价位的重要指标。当我们建仓价位在SSRP指标下方的时候，表明我们的持仓成本相对其他投资者的持仓价位低，今后将处于比较有利的地位。

当价格回升趋势比较确定的时候，我们通过投资者的成本线指标 SSRP 就能够轻松判断价格运行趋势。该指标单边回升期间，一旦股价接近历史高位，价格还是会出现加速上涨的情况。根据 SSRP 指标的回升趋势判断价格突破历史高位的买点，我们很容易获得成功。当前，判断价格走强期间还要结合成交量和指标来看。

突破阶段指标分析

在价格突破阶段，成交量有效放大以后，我们可以根据投资者的持仓成本指标来判断交易机会。投资者的持仓成本体现在 SSRP 上，该指标提示我们当前投资者的平均成本位置。我们如果确认成本持续回升，那么价格突破历史高位就容易得多了。

筹码峰的回升趋势决定了股价上涨的潜力，如果潜力巨大，我们根据 SSRP 加速回升信号判断突破信号。价格有效突破历史高位的时候，交易机会自然会形成。价格总体回升的过程中，股价短线调整却不会改变 SSRP 的上行潜力。从 SSRP 指标来看，指标横向调整却没有出现回落，在价格突破历史高位的时候，SSRP 开始飙升，提示追涨机会形成。

实战要点：

1. 从股价回升趋势来看，当股价突破历史高位的时候，价格从图中 P 位置开始跳涨。我们发现，该股单边回升并且有效突破了历史高位，上行趋势非常明显。

2. 从成本线 SSRP 看来，该指标明显出现了加速回升的情况。指标上行速度较快，表明投资者的成本已经提升。这样，即便调整，股价也很难出现较大跌幅。我们判断价格连续回升趋势延续，自然可以持股盈利。

3. 成交量来看，量能在图中股价飙升期间明显放大，这是推动价格上

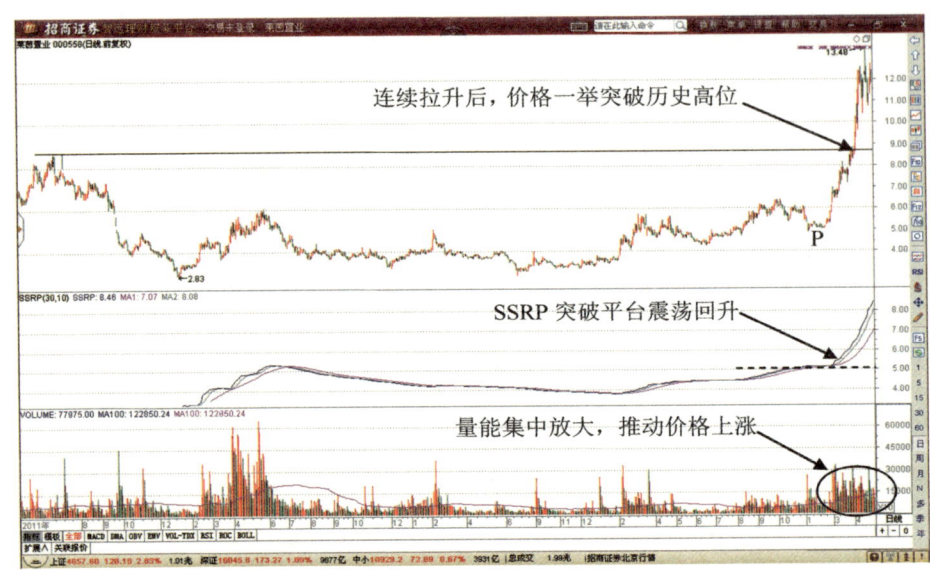

图 4-23 莱茵置业日 K 线图

行的重要因素。成交量达到 100 日等量线上方,这显然能稳定股价上行趋势。

本段小结:价格回升趋势取决于投资者的持仓成本移动效率,如果移动速度很快,那么价格上行趋势就会加强。投资者的持仓成本提升的时候,对价格的支持效果更强,股价可以实现较大的涨幅。

突破期间交易机会解读

在价格回升期间,跳空上涨的 K 线对价格今后的表现非常重要。特别是接近拉升高位的时候,跳空上涨的 K 线表明股价已经获得支撑,并且有加速走强的信号。这样,我们有理由相信股价的回升潜力还没有完全释放。在跳空缺口上方,股价可以获得较强的支撑,并且出现加速上行的情况。那么这样一来,股价就非常容易突破历史高位了。

当投资者的持仓成本总体回升的时候,SSRP 震荡上行,这是推动价格回升的重要动力。跳空缺口出现在这个时候,也是投资者的持仓成本回升的信号。跳空以后，SSRP 指标会加速上行。从这一点来看，把握好买点非常重要。如果我们打算再买入股票，那么在跳空缺口出现而 SSRP 指标回升的时候，我们总是会在建仓后轻松盈利。

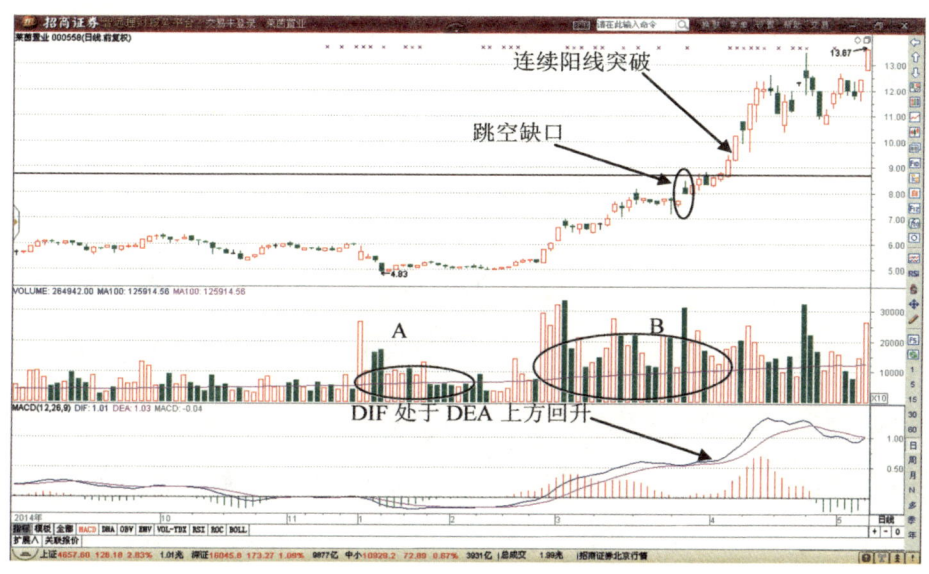

图 4-24 莱茵置业日 K 线图

实战要点：

1. 股价回升期间，价格即将突破历史高位的时候，图中显示的跳空缺口出现。该股走势较强，跳空以后股价加速回升，并且轻松突破历史高位。可见，股价突破前显然已经蓄势。

2. 从成交量来看，图中 A 位置的量能已经出现放大迹象，但是量能放大程度还不够。接下来，图中 B 位置的量能更大。成交量已经达到了 100 日等量线的几乎两倍。这个时候，价格更容易出现明显的回升。放量期间，跳空上涨的缺口就是在这个时候出现的。

3. 从 MACD 指标的走向来看，图中 DIF 线加速回升，表明均线发散程度更大。那么这个时候，价格可以显著回升的阶段，也同时是我们盈利的

时刻。

本段小结：实战当中，当我们判断成本指标 SSRP 加速回升，我们就能够确认股价的上行趋势。这期间，交易机会是不可能减少的。成本回升推动的股价走强将得以延续，即便股价已经处于突破阶段，我们依然有机会追涨盈利。

第六节　突破历史筹码单峰区域

当筹码峰出现明显的单峰形态的时候，股价突破筹码单峰，也是突破了历史高位的压力区。这个时候，股价上涨潜力还是比较大的。价格突破历史高位的筹码峰以后，套牢投资者全部解套。在资金流入得到延续的情况下，股价回升趋势快速加强。我们在这个时候考虑建仓，是有利可图的。

突破阶段指标分析

筹码单峰出现的时间越早，规模越大，价格突破筹码峰后上涨潜力越高。由于筹码形态上的单峰形态出现，投资者的持仓成本非常集中。主力持仓成本和散户成本非常接近。一旦股价出现向上的突破，那么价格上涨潜力就很大了。我们应该把握好价格突破的交易机会，及时追涨才能盈利。

在股价突破历史高位前，如果股价波动空间收窄，那么筹码峰的高度也会增加。筹码峰高度增长以后，投资者的持仓成本就非常集中了。大量成本集中到某个价位附近，股价上涨期间压力较大。主力只有动用足够的资金拉升股价，多头趋势才能加速形成。

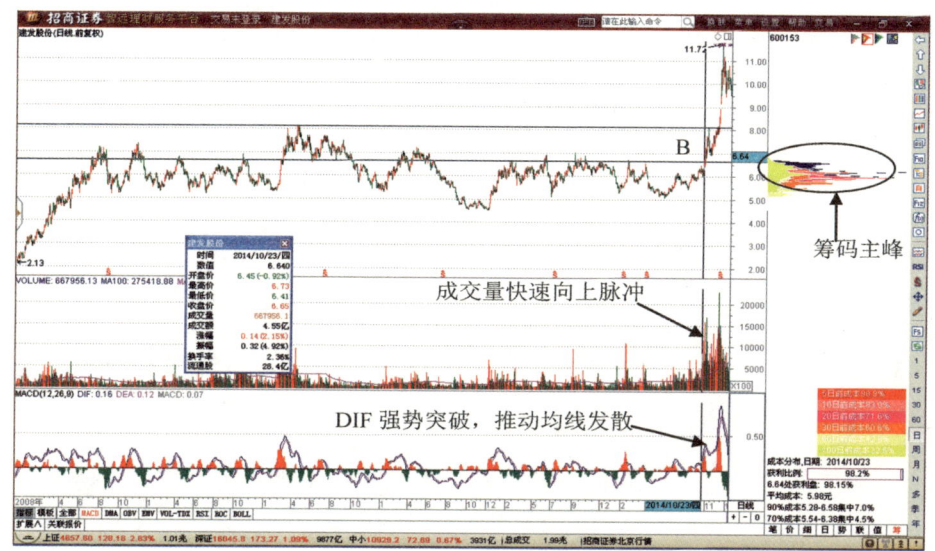

图 4-25 建发股份日 K 线图

实战要点：

1. 从价格走势来看，该股在图中 B 位置达到短线高位，表明价格已经接近突破历史高位。考虑到该股前期横向调整的时间长达四年以上。股价突破历史高位的时候，交易机会自然会出现。

2. 图中成交量达到了明显的高位，是推动价格上涨的重要因素。而筹码单峰形态的规模较大，表明价格放量期间能够轻松突破压力位。这样，我们的交易机会理应出现在这期间。

3. 从 MACD 的表现来看，DIF 线突破前期高位，表明指标已经促使均线更加明显的发散。显然，忽视均线的发散状态，对我们将来的盈利没有好处。不如把握好价格突破筹码的交易机会，建仓获得收益。

本段小结：价格长时间横向调整和筹码单峰形态对应出现，这是交易机会形成的信号。据此，我们判断盈利机会也已经形成。实战当中，价格突破筹码单峰的过程中，交易机会还是非常多的。我们应该将价格突破筹码峰看作价格长期加速逆转的信号,把握机会获得利润。

突破期间交易机会解读

筹码单峰出现以后,价格突破期间量能会持续放大。只有这样,筹码单峰才能向上发散。筹码向上发散效率越高,股价突破历史高位以后就越能够继续上涨。关注筹码峰的同时,我们需要对价格突破的力度做更深入的分析。价格明显放量突破历史高位的时候,筹码峰的压力才会被突破。

如果我们将历史高位对应的筹码峰看作所有投资者的持仓成本集中区域,那么价格回升期间,股价突破历史高位,其实也是突破投资者的重要持仓成本区。如果我们把握好这期间的建仓交易时机,自然也是有能力获利的。历史高位的筹码峰聚集区域,对我们的盈利非常重要。价格脱离筹码主峰以后,处于盈利状态的投资者持股意愿增强。那么股价继续上涨的趋势延续,我们自然可以追涨盈利。

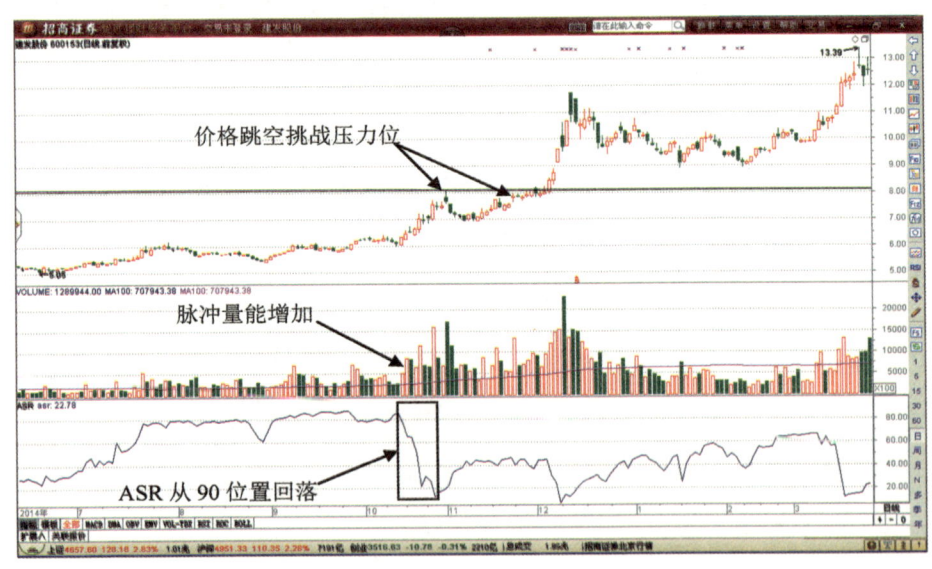

图 4-26 建发股份日 K 线图

实战要点：

1. 从价格走势来看，股价突破历史高位前，已经出现了两次的跳空缺口。价格表现非常强势，若不是该股走势较强，显然很难出现这种跳空形态。考虑到股价非常接近历史高位，我们需要感知接下来该股的动向。

2. 从成交量来看，图中脉冲量能出现以后，价格表现非常强势。而股价在接近拉升高位的时候明显出现了跳空缺口，股价突破历史高位压力区很容易实现。

3. 通过分析图中 ASR 指标，我们发现价格放量上涨期间，浮筹已经处于高位运行。ASR 高达 80 以上的时候，价格脱离高浮筹区域，是回升趋势延续的信号。

本段小结：浮筹指标 ASR 在股价跳空回升期间快速回落，表明股价明显脱离了筹码峰区域。接下来的时间里，价格获得历史高位筹码峰提供的支撑。价格紧跟着继续上涨的时候，我们持股自然容易盈利。

第五章

从大单情况看价格突破

　　价格走势很容易受到主力买卖股票的影响，因为主力手中资金较多，能够很好地控制价格走向。那么我们掌握了主力资金动向，才能更好地把握价格趋势，买卖股票并且获得收益。主力资金控盘方式较多，而我们可以根据大单情况判断主力的控盘节奏。大单资金流入的时候，价格走势比较稳健，我们持股更能够获得较好的回报。从价格中长期走势来看，当大单流入长期影响价格表现的时候，我们有更多的交易机会获得收益。

　　本章从资金强势洗盘、资金强势介入、砸盘后突破、资金稳定控盘、大单强势流入、资金平淡控盘六个方面讲解主力资金对价格走势的影响，帮助投资者理解主力资金的流入特点和控盘节奏。特别是股价接近突破历史高位的时候，提高投资者判断趋势的能力，放大盈利空间。

第一节　资金主力强势洗盘突破

当股价接近历史高位以后，我们判断价格已经达到压力区，如果资金流出快速出现，那么价格回调将在所难免。价格调整力度不会太大，因为资金流出的时间较短，回调以后出现买点。资金短时间大量流出是主力洗盘的操作手法，股价下跌速度虽然较快，下跌趋势很快结束。资金流出减弱后反弹马上出现，当我们建仓以后，在价格突破历史高位的时候我们可以获得高回报。

突破阶段大单分析

在价格突破历史高位的时候，我们总会发现资金流入的情况。如果是大单强势流入，那么显然能够推动股价上行。不过，与大单流入相反的情况也是我们关注的重点，那就是主力大单洗盘。

大单洗盘很容易被理解，是股价遇到阻力期间大量资金出逃的情况，这可以是主力做空行情逆转的信号，当然也可以是主力洗盘的信号。如果是主力短线洗盘，我们关注资金流出的同时，也需要看到随后资金快速流入期间价格强势反弹走势。不得不说的是，资金短线变化很大，价格完成探底回升走势，就很容易再创新高。我们根据大单快速流出和流入判断股价突破历史高位的节奏，我们持股便能够很好地盈利。

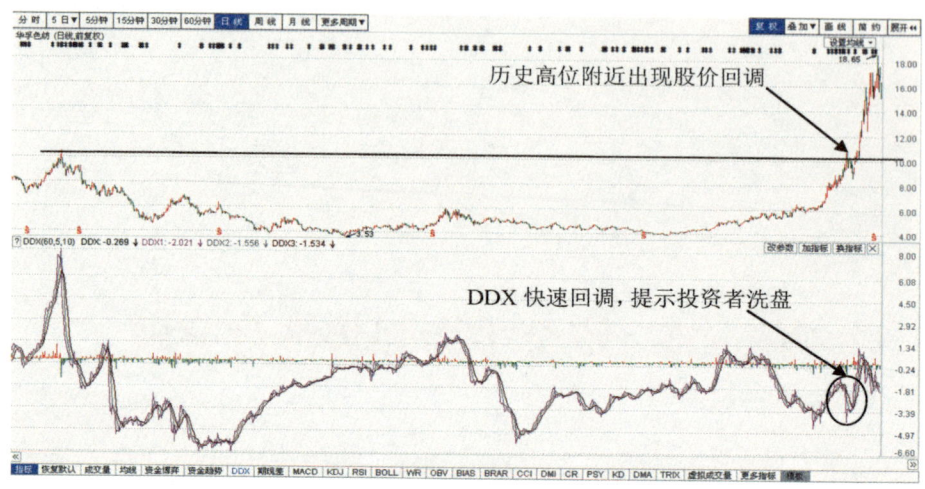

图 5-1 华孚色纺——资金流出快速洗盘

实战要点：

1. 从价格走势来看，股价持续回升到历史高位附近，涨幅较大，并且即将突破历史高位。不过这期间马上出现了回调的走势，这是主力洗盘的动作。价格回调但是跌幅不大，我们可以通过分析大单流入和流出确认价格运行趋势。

2. 图中 DDX 的走向很好地反映出主力资金流入和流出节奏。特别是在股价接近历史高位的时候，DDX 短线回调，提示投资者主力在出货。不过这种出货动作虽然很快，却没有持续下来。也就是说，主力快速卖出股票的同时完成了洗盘动作。当价格二次企稳的时候，交易机会依然存在。

本段小结：价格即将突破历史高位，但是 DDX 短线回调，明显在 0

轴线下方走低，是主力洗盘信号。历史高位下方股价回落，符合高位套牢投资者解套需求。主力利用了散户投资者的出货心理，洗盘的同时完成了拉升动作，使得价格很快突破历史高位。这期间，我们买入股票可以有机会获得较好的收益。

突破期间交易机会解读

在洗盘期间，资金流出时间和资金流出金额，是我们关注的重点。如果资金流出时间不长，并且资金流出不多，价格就不会出现太多的下跌。主力短线洗盘期间，不会卖出更多的筹码，而股价也会在短线回调后迎来强势反弹。

我们根据资金从流出到流入的逆转判断买点，就容易获得投资回报了。洗盘结束之时，便是价格上涨的时刻。主力资金流出和流入，反映了价格回调后企稳的过程。难得的交易机会出现在资金流出之后。我们判断建仓时机，可以从资金流出后大单流入判断。价格经过调整以后，大单资金继续流入，很快改变股价运行节奏。

实战要点：

1. 从价格走势来看，股价接近了历史高位的时候，该股出现了明显的调整。虽然价格跌幅不大，却影响了股价回升趋势。我们这个时候关注的重点，是主力是否看淡后市，并且在加速卖出股票。通过超大单的动向，我们能够得出相应的结论。

2. 图中大单变化来看，连续三个交易日的明显资金流出以后，该股进入短线调整状态。不过资金流出持续时间很短，并且接下来股价回调期间只有少量资金流出，这是股价能够企稳的关键。

本段小结：资金明显流出的时候，股价走势受到明显影响。特别是当

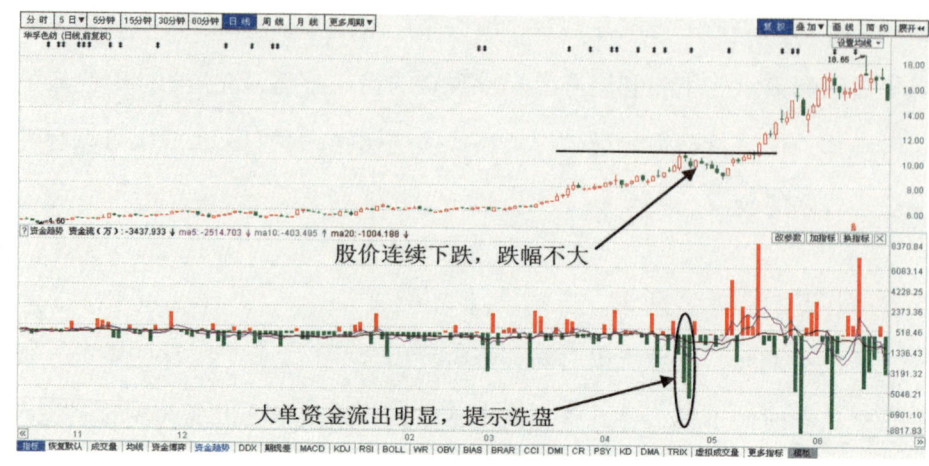

图 5-2 华孚色纺——大单流出情况

股价接近历史高位之时，股价回升趋势被抑制。散户投资者短线抛售股票，加速了价格调整。

第二节 资金主力强势介入的突破

从超大单线走势，我们能够发现主力的控盘过程。而通过分析资金流入情况，我们能够更好地把握建仓机会。股价在历史高位下方运行，而资金净流入明显增加的时候，价格突破历史高位的概率很大。并且，考虑到超大单线短线企稳，我们建仓可以获得确定的回报。主力拉升股价的意图未变，资金流入后价格自然实现上涨。

突破阶段大单分析

主力操盘期间，也会在价格拉升前大量买入股票，这是推动价格上涨的信号。如果我们发现主力投资者正在大量资金建仓，无疑应该看涨后市，同时我们也买入股票提升盈利空间。主力控盘节奏是我们发现交易机会的关键，特别是从超大单的动向来看，如果主力资金持续流入，并且控制着价格变化，那么我们趁机建仓将毫无风险。

超大单流入延续下来，价格回升趋势也不会结束。即便超大单线短线回调，对价格运行的影响很可能是短暂的。经过调整以后，我们可以通过超大单的反弹判断买点，以便能够提升盈利空间。

超大单对价格走势延续较大，即便超大单线并未处于很高的位置，只要能够维持在0以上，就足够影响价格走向。据此，我们可以更好地判断股价突破历史高位期间的买点。我们在超大单企稳期间买入股票，可以盈利的概率会更大。

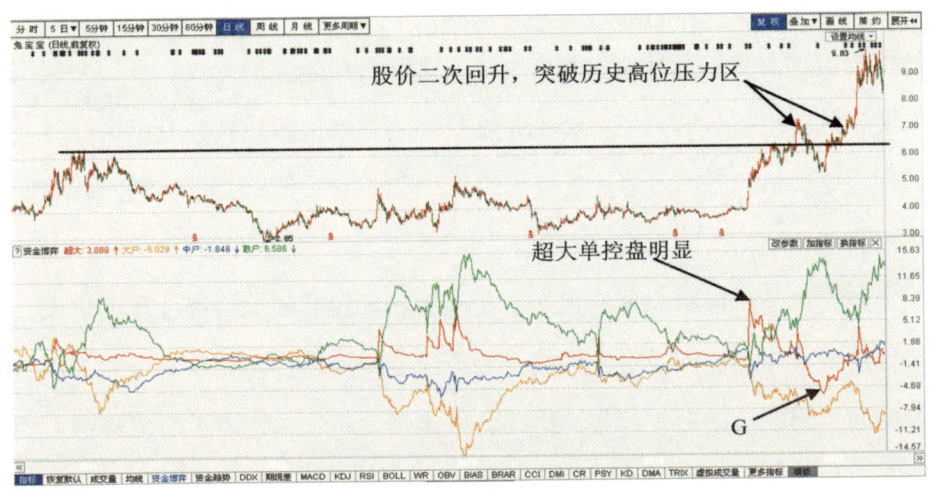

图 5-3 兔宝宝——主力控盘情况

实战要点：

1.从价格走势来看，在股价接近历史高位的时候，该股运行趋势会更加反复。真实的突破并未有效出现，而是在价格探底回升后完成。这表明，

历史高位压力较大，在散户投资者争相卖出股票的同时，主力资金短线流入也明显影响价格回升趋势。

2. 通过分析超大单资金流入，我们发现图中超大单控盘明显。超大单处于0轴线上方的时候，股价顺利突破历史高位。而短线回调的时候，超大单也出现了回落。图中G位置是超大单触底回升的时刻，也是股价完成探底过程后再次走强的时刻。

本段小结：超大单资金流入越明显，主力控盘效果越好，价格更容易走强。当我们确认超大单已经处于回升趋势的时候，我们在超大单线回升到0以上的时候买入股票，盈利概率很大。

突破期间交易机会解读

超大单虽然不会每天都存在，但是一旦出现超大单资金流入，价格走势就会很强。我们通过超大单资金流入确认价格走强的起点，那么判断买入股票的时机就很容易了。特别是在价格走强和股价反转回升的时候，我们把握好价格回升期间超大单流入信号，就能够在第一时间确认建仓信号，从而获得利润。

超大单之所以影响价格走向，是因为相比较其他类型资金规模更大，对价格走势影响更深。对比大资金的流出我们发现，超大单资金流入在一段时间里影响价格运行趋势，推动价格走强。超大单代表了实力最强大的资金主力，是左右行情的最重要因素。

实战要点：

1. 从价格走势来看，股价突破历史高位期间，价格经历了冲高回落的走势。突破并非一次性完成，而是在两次加速回升后确认了突破走势。历史高位压力较大，但是如果我们分析超大单资金流入，就很容易得出价格

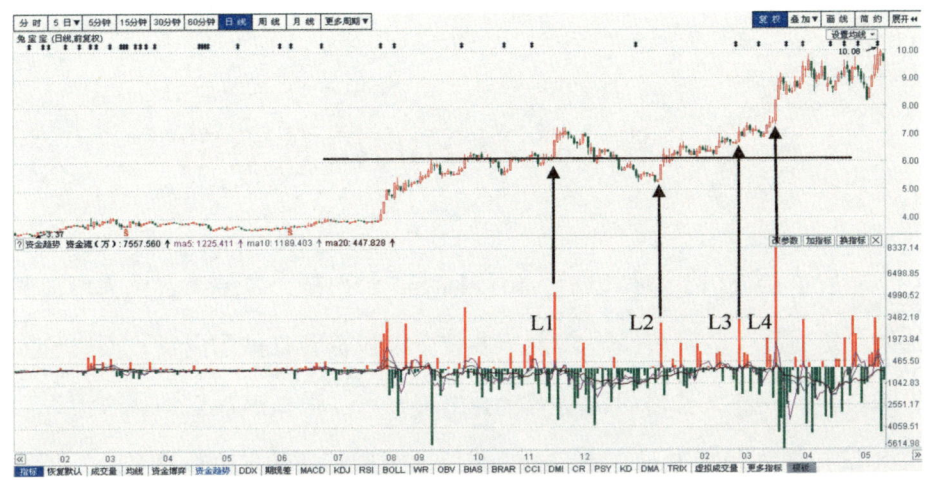

图 5-4 兔宝宝——关键时点的资金流入

突破有效的结论。

2. 从超大单的表现来看，图中 L1 位置的超大单流入更为明确，这是推动价格上涨的重要因素。也就是在这个时候，股价顺利突破了历史高位。而 L2 位置的超大单则是股价冲高回落期间第二次超大单流入。在第二次超大单资金流入以后，股价第二次突破了历史高位。

3. 在股价第二次突破历史高位以后，我们可以发现图中 L3 和 L4 位置的大单流入又一次出现，推动价格远离历史高位。超大单主导了价格回升趋势，也使得价格第二次有效突破历史高位压力区，为投资者创造更大的盈利空间。

本段小结：在价格回升期间，超大单资金流入是资金的主要运行方向，对价格上涨的推动效果明显。行情加速上行，是资金流入的结果。股价摆脱调整走势，同样也是资金流入的结果。

第三节 砸盘后的拉升突破

当股价接近历史高位以后，短线回落走势出现，这是抛售压力增加的结果。历史高位的抛售压力较大，多数套牢投资者都试图出货。而股价如果跌幅较大，那么价格回调期间就会出现买点。根据砸盘后的资金流入和DDX反弹走势判断买点，我们能够获得比较理想的低点建仓机会。一旦这种价格低点的强势反弹走势延续下来，价格突破历史高位以后，我们的盈利空间自然放大。

突破阶段大单分析

当股价接近历史高位的时候，主力资金明显流入的时候，价格才能有效突破历史高位。如果价格不能延续强势，那么我们短线建仓会遭受损失。当股价从历史高位附近回调以后，资金流出明显，这是主力洗盘的结果。洗盘效果越明显，价格回落空间也会越大。

如果价格回调期间主力投资者主动做空，那么资金流出明显而价格调整速度更快。当价格短线杀跌并且见底以后，资金流出就已经结束。超大单的资金流入继续出现，股价很快完成了反转形态。价格摆脱调整走势，并且继续挑战历史高位压力区。随着超大单主导价格走势，股价很快实现上涨。

实战要点：

1. 从价格走势来看，股价虽然明显接近了历史高位，但是价格还未真正突破压力区。短线看来，明显的回调走势影响了价格走势。在股价短线

第五章
从大单情况看价格突破

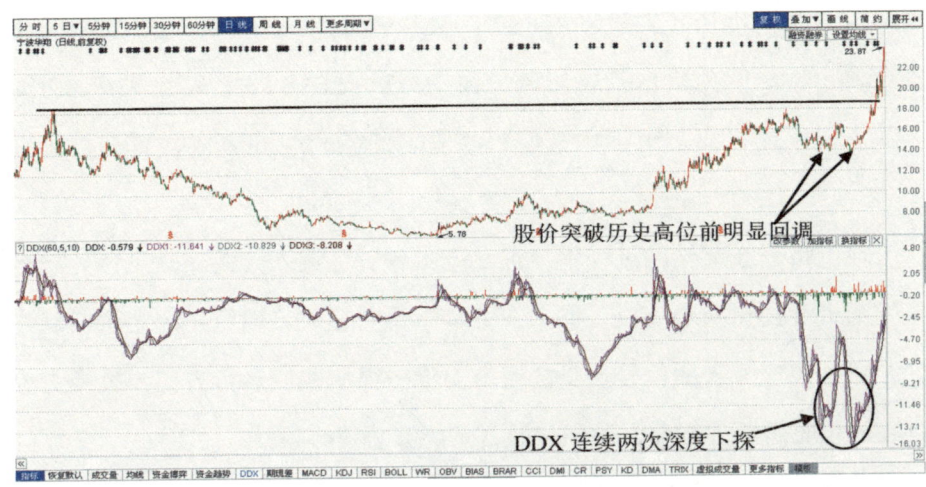

图 5-5 宁波华翔——大单砸盘价格回调

快速回调并且完成双底形态的时候，该股才继续回升并且突破了历史高位。

2.通过分析 DDX 的变化，我们能够发现主力资金的流入情况，从而确认价格趋势。在价格接近了历史高位的时候，DDX 明显快速回落，并且以双底形态完成了反转，这是股价加速回升的关键。

DDX 处于 0 轴线下方，表明资金呈现出流出状态。但是，这并不影响价格反转。当 DDX 以双底反转探底以后，表明资金流出正在快速减轻，股价因此出现了显著的回升。我们在这期间买入股票，也会在多方实力总体正确的时候盈利。

本段小结：当我们判断 DDX 明显回落的时候，资金流出已经非常明显，但是这并不是价格下跌的推动因素。特别是当 DDX 明显从 0 轴线下方反转的时候，即便还未突破 0 轴线，价格依然能够走强。

突破期间交易机会解读

从资金流向来看，价格摆脱调整走势的时候，资金流入是正向的。

资金流入期间价格才能更好地上涨，交易机会才能很快形成。我们关注资金流出，是因为价格开始回调，而主力投资者在大量卖出股票。而资金流入时候股价出现上涨，我们买入股票的盈利空间更大，盈利机会也更多。

在价格完成反转的过程中，资金流出和资金流入转换非常迅速，趋势反转与资金变化同步完成。那么在资金短暂明显流出以后，决定价格反弹的是资金快速流入的信号。资金流入，价格很快改变运行方向，反弹走势促使股价突破历史高位，我们持股自然能够获得收益。

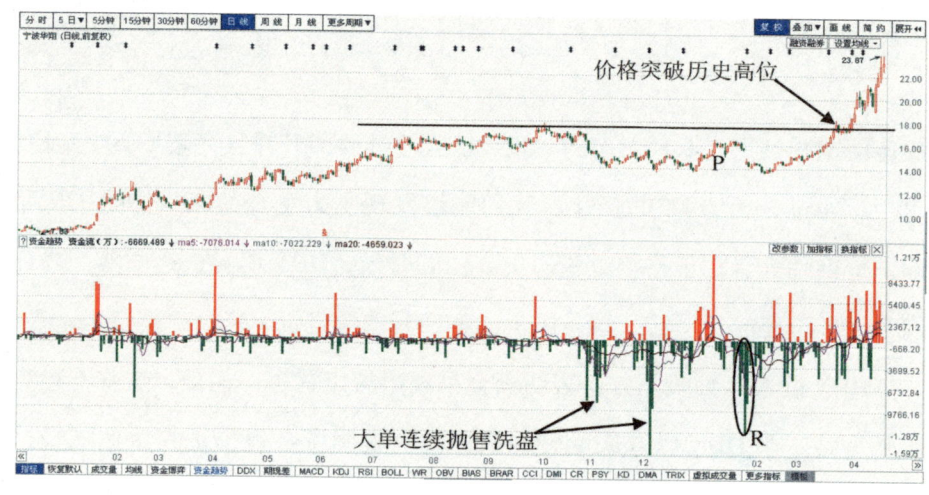

图 5-6 宁波华翔——大单流出开始洗盘

实战要点：

1. 从价格走势来看，图中 P 位置的反弹非常典型，但是股价涨幅有限。这是因为，资金流入还不够明确，价格调整还在继续。不过如果我们考虑在股价二次反弹的时候买入股票，却可以获得收益。

2. 从资金流向来看，图中股价回调期间，资金明显出现了流出的情况，这是股价首次从历史高位回调的原因。而接下来图中的 R 位置资金再次出现流出的情况，这也是推动价格调整的因素了。不过 R 位置的资金流出结束以后，资金快速流入，股价自然出现回升。

本段小结：伴随着洗盘的结束，资金流出也结束了，价格开始摆脱调整状态，并实现了上涨。双底反转形态支撑股价第二次突破历史高位，那么我们把握好买点可以获得较好的回报。

第四节　资金主力稳定控盘的突破

在主力控盘阶段，如果我们确认价格处于回升趋势，并且超大单始终左右着价格走势，那么突破阶段是可以追涨的。超大单线虽然从高位回落，但是依然处于 0 轴线上方，表明资金主力控盘意图明确。一旦我们确认资金持续流入，那么买入股票后是有利可图的。价格可以在超大单资金流入，并且资金净流入回升的情况下突破历史高位。这个时候我们持有股票，获利就轻松多了。

突破阶段大单分析

在价格突破历史高位的过程中，我们发现，超大单主导了价格走势，大单变化是我们判断交易机会的关键。如果超大单在很长一段时间里主导了价格趋势，更加超大单走向决定加仓和减仓操作，是我们盈利的关键。超大单代表的主力实力越强，价格上行趋势也会更强，交易机会就出现在大单线回升的时刻。

在股价波动空间较大的时候，超大单线处于零轴线上方，那么就能够影响价格走向。也就是说，超大单存在的时候，价格走势就会受其影响。

特别是在股价短线回调的情况下，超大单对价格走势影响依然存在，股价会出现超跌反弹的走势，而这是我们盈利的关键时刻。

超大单拖底，价格回调之时跌幅不会太大。主力持仓也是有成本的，而股价继续下挫肯定会侵蚀资金主力的利润。那么这个时候，资金主力会主动拉升股价，促使股价反转回升。通过超大单线的走向，我们就能够发现主力护盘动作。这个时候，我们买入股票则可以盈利。

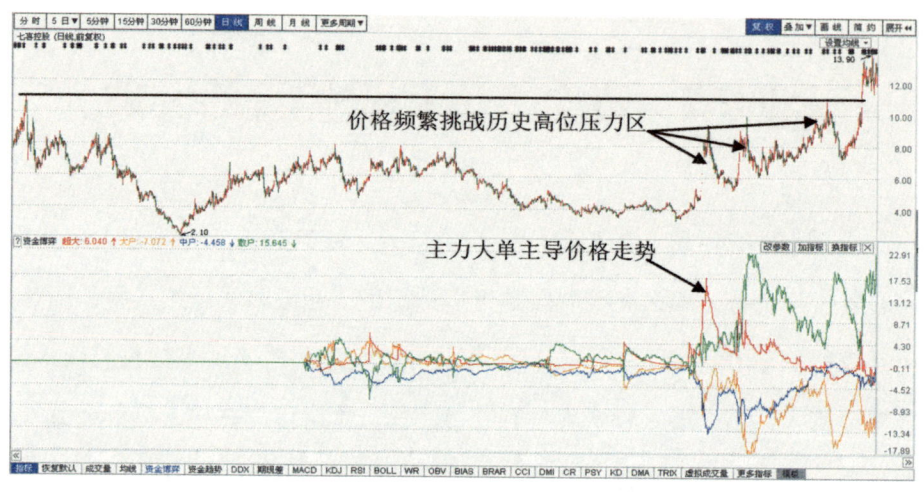

图 5-8 七喜控股——DDX 回升的买点

实战要点：

1. 从价格走势来看，价格靠近历史高位的过程中，股价双向波动逐渐加强，这是股价遇到历史高位压力的表现。同时，也是主力资金流入逐渐减弱的信号。超大单控盘效果不佳的时候，价格回升自然会遇到阻力。

2. 通过分析主力资金动向，我们可以从超大单线的走势来看。超大单线从高位回调的时候，主力并无一次性拉升股价突破历史高位的意愿。在超大单线震荡回落之时，股价在历史高位频繁回落后才真正出现突破。

本段小结：价格靠近历史高位的时候，超大单线反向回落，显示资金流入正在减弱。不过考虑到超大单线处于0轴线上方，股价回升趋势难以逆转。而当股价回调的时候，价格继续反弹并且突破历史高位，这种突破历史高位的价格走势还是会出现。

突破期间交易机会解读

价格在历史高位回落的时候，回调空间不会太大，这是超大单继续流入的结果。当然，如果主力打算拉升股价，会在资金上支撑股价上行。从超大单线来看，也必然是回升的趋势。当然，如果从DDX线的表现来看，应该是震荡上行的形态。超大单资金流出减弱，DDX线就会回升。即便DDX线还未回升到0轴线上方，那么靠近0轴线的过程中，价格也会出现走强的情况。这个时候，我们继续持股可以盈利。

通常，在DDX线突破0轴线的时候，股价上涨速度加快，交易机会也很快形成。如果我们在这个时候买入股票，应该更加注重效率。因为一旦股价上涨，我们就很难抓住有效的买点。追涨操作及时，我们才能够获得筹码并且盈利。

实战要点：

1.从价格走势来看，股价快速完成了反转走势，探底回升过程中顺利突破了历史高位，这是交易机会出现的信号。同时，也是我们买入股票的交易机会。价格涨幅较大，持股期间我们自然盈利丰厚。

2.股价突破历史高位，与DDX加速回升有关。图中DDX线从低点快速回升的时候，我们发现该线已经接近0轴线，这种资金流出明显减弱的信号。并且，考虑到主力大单拉升股价，价格突破历史高位显然更加顺利。

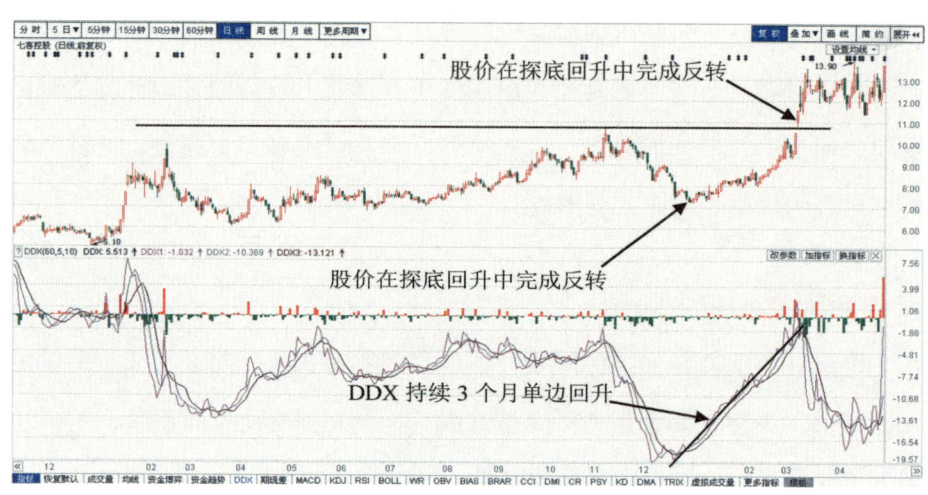

图 5-7 七喜控股——资金主力控盘节奏

本段小结：历史高位的压力还是很强，以至于股价不能在一次回升后突破压力区。DDX 线从 0 轴线回升的时候，超大单逐渐对价格影响加深，股价自然在 DDX 靠近 0 轴线的时候突破压力区。如果我们根据 DDX 的回升趋势判断建仓机会，显然有机会获得较好的收益。

第五节 大单强势流入的突破

在价格走势较弱的情况下，如果超大单资金流入明显，那么价格很容易受到影响。也就是说，超大单对价格的拉升作用明显，股价可以在短时间内获得支撑并且大幅上涨。如果股价已经接近历史高位，并且超大单资金流入明显，那么股价能够顺利突破历史高位。我们在超大单流入的时候把握好买点，能够获得价格突破历史高位带来的收益。

突破阶段大单分析

实战当中，超大单短线流入的时候，股价表现会非常强势。这个时候，我们判断价格具备了走强的基础，顺势建仓是有利可图的。实际上，超大单影响股价的运行趋势，是股价走出调整形态的关键。即便超大单资金流入实际较短，如果是特别迅速的资金流入，都能够改变股价运行节奏。

在资金博弈期间，主力投资者会在某个时点控制价格走向。如果行情出现逆转，我们应该关注超大单对价格走势的影响。一旦超大单线快速反弹，那么主力投资者会再次主导价格趋势。如果我们判断超大单资金流入明显，但是持续时间不长，可以考虑在价格震荡期间低价买入股票，也可获得比较好的收益。

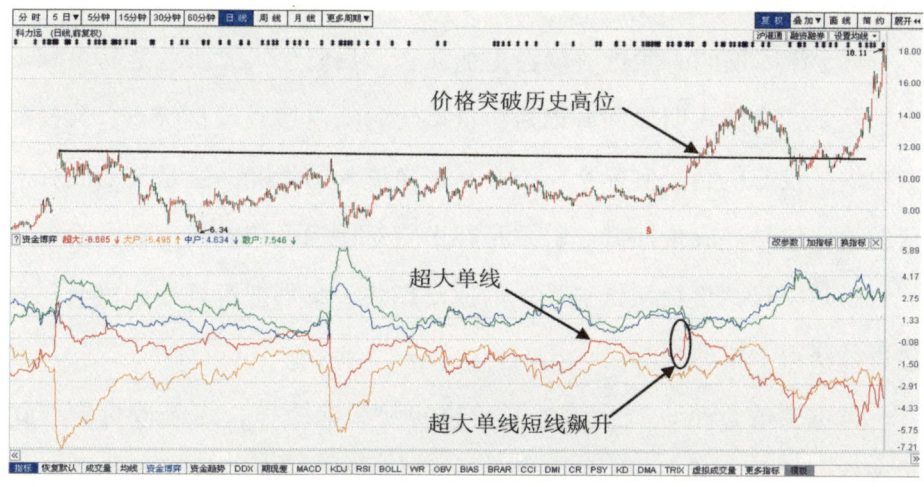

图5-9 科力远——超大单线异动

实战要点：

1.从价格走势来看，股价突破历史高位的速度很快。反转过程中，该股几乎一次性突破历史高位。不过由于主力拉升股价意图不够明确，冲高

回落走势难免会形成。我们可以关注大单情况，考虑在恰当的位置买入股票盈利。

2. 从资金博弈的角度分析，价格冲高回落期间，交易机会已经出现在股价回调过程中。超大单线回调的时候，资金流入减弱。等待超大单线企稳以后，该股还是会出现回升走势。接下来，我们可以通过资金流入判断主力拉升股价的时机。在超大单二次流入的时候买入股票，提升盈利空间。

本段小结：在超大单散户资金实力对比不明显的时候，超大单线回升的时候，股价总是会加速回升。我们判断建仓时机的时候，可以通过超大单线的表现挖掘交易机会，提升盈利空间。

突破期间交易机会解读

资金流入期间，股价表现会更加强势，我们买入股票后容易盈利。特别是资金净流入明显回升以后，价格短时间内摆脱调整状态，为投资者提供了较好机会。实际上，资金呈现净流入的情况，这是推动股价上行的重要信号。股价回升趋势总是在多空对比强烈的时候出现，而资金流入越是明显，价格从低点折返的速度越快。我们把握好抄底机会，自然可以获得不错的利润。

在重要的价格，资金流入对价格走势影响更深，也是股价短线摆脱调整的重要信号。主力控盘期间，资金流出可以短期影响价格走势，但是如果资金流出持续时间很短，当资金流出转变为资金流入的时候，行情依然可以延续。到那个时候，我们只要继续持股，获利空间将超过前期。

第五章
从大单情况看价格突破

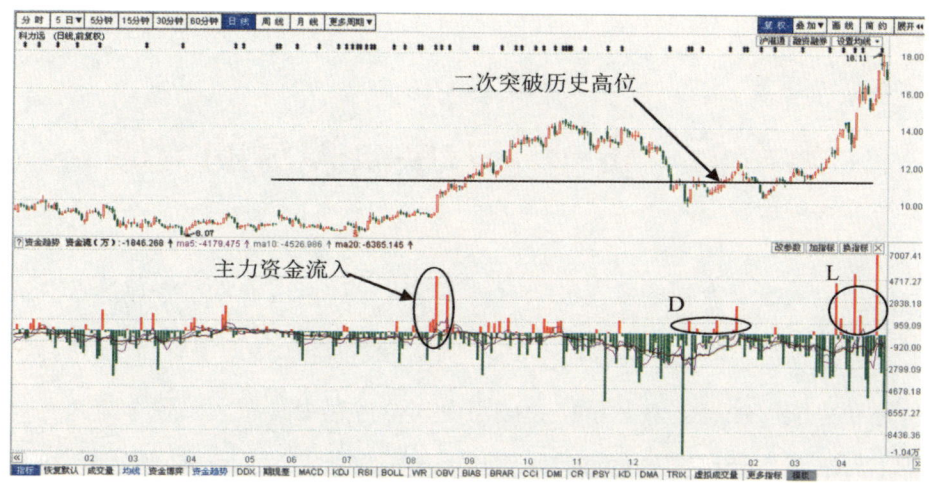

图 5-10 科力远——主力资金再次流入

实战要点：

1. 从价格走势来看，股价已经在突破历史高位的情况下，冲高回落走势出现。不过当价格再次跌破历史高位的时候，反弹走势出现，这是行情再次逆转的信号。

2. 图中主力资金流入明显，而 D 位置的资金流入则改变了价格走向。我们判断建仓机会的时候，D 位置的资金流入值得关注。接下来图中的 L 位置资金流入更加明确，提醒我们交易机会形成。我们把握好这次建仓机会，有望继续盈利。

本段小结：资金流入改变价格运行趋势，是股价结束调整的重要信号。特别是重要的价位附近出现资金流入情况以后，我们可以考虑快速建仓。图中 D 位置出现资金流入情况，而股价正处于历史高位附近，是行情再次回升的信号。同时，也是我们买入股票的交易机会。

第六节 资金主力平淡控盘的突破

当主力投资者长期控盘股票时候，超大单线可以非常平缓地运行。虽然主力在控盘，但是控盘程度不高。不过当股价涨幅接近历史高位的时候，价格还是能够加速上涨。价格突破历史高位过程中，超大单资金流入是价格上涨的重要基础。如果我们确认超大单加速流入，并且能够推动价格突破历史高位，这期间追涨买入股票便能够盈利。

突破阶段大单分析

实战当中，我们发现很多股票在还未突破前走势不会太强，这期间主力控盘力度不大，可以说是平淡的控盘状态。从资金方面来看，超大单线走势平缓，显示资金流入并不明显，是主力缓慢控盘的价格走势。

主力平淡控盘期间，股价波动强度通常不会太大，我们有更多的机会建仓买入股票。直到价格接近重要的压力位，股价即将突破的时候，才会形成明显的加速回升走势。那么超大单资金流入是影响短期价格走势的关键，也是推动价格突破历史高位压力区的关键因素。如果我们把握好建仓交易机会，我们自然会赢得利润。

实战要点：

1. 从价格走势来看，图中股价长时间横盘调整的时候，价格高位始终没有突破。不过在超大单资金流入的情况下，股价回升趋势正在加速。图中股价有效突破历史高位压力区，为投资者的盈利提供了机会。

2. 从前期超大单线的变化来看，超大单线走势平稳，并未出现非常大

第五章
从大单情况看价格突破

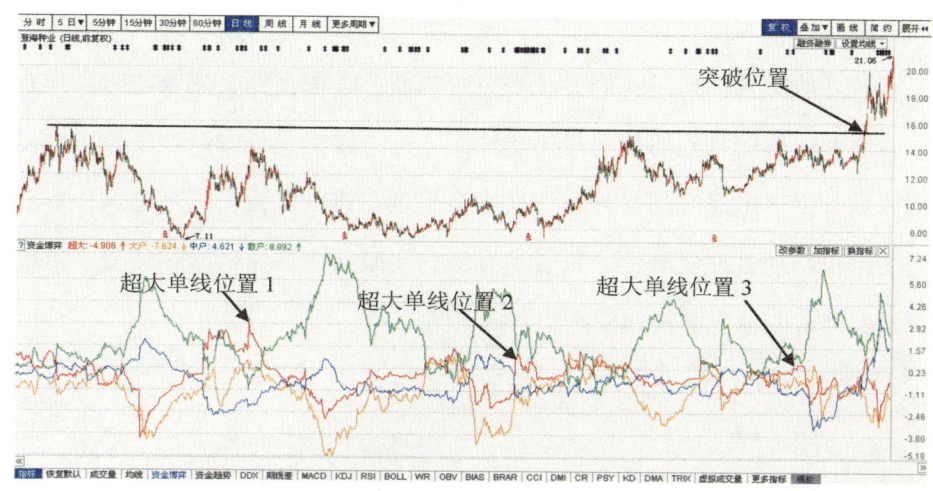

图 5-11 登海种业——超大单稳定存在

的回升。图中位置 1 是超大单流入的信号，资金流入规模较大。而接下来的位置 2 的资金流入也非常明显，这期间股价上涨空间不大。当股价回升到接近历史高位的时候，位置 3 的超大单资金流入明显是主力拉升股价的信号了。超大单规模较大，股价很容易就突破压力区，为投资者提供了较好的收益。

本段小结：准确判断主力控盘的手法，并且在价格有效突破历史高位的时候把握好超大单资金流入的买点，那么我们才能够更好地获得收益。超大单资金流入次数越多，主力控盘时间越长，价格突破历史高位的效果越好。我们在这期间持股，自然也是有利可图的。

突破期间交易机会解读

在股价突破的时候，超大单资金流入是必然的趋势，这也是推动价格突破压力位的重要基础。特别是历史高位压力区，投资者更容易高抛卖出股票。这样一来，我们也只有把握好价格高位交易，才能够降低投资风险。

当然，超大单资金流入之时，股价震荡回升并且突破历史高位，这是主力拉升的结果。如果我们要获得更多收益，考虑在资金流入的时候建仓非常必要。即便我们的持仓价格比较高，这样做也是值得的。突破历史高位以后，价格上涨空间打开，交易机会呈现在投资者面前。考虑到大单流入之时价格回升速度较快，投资者在股价突破历史高位的时候持股，可以在没有浮亏的情况下快速获利。

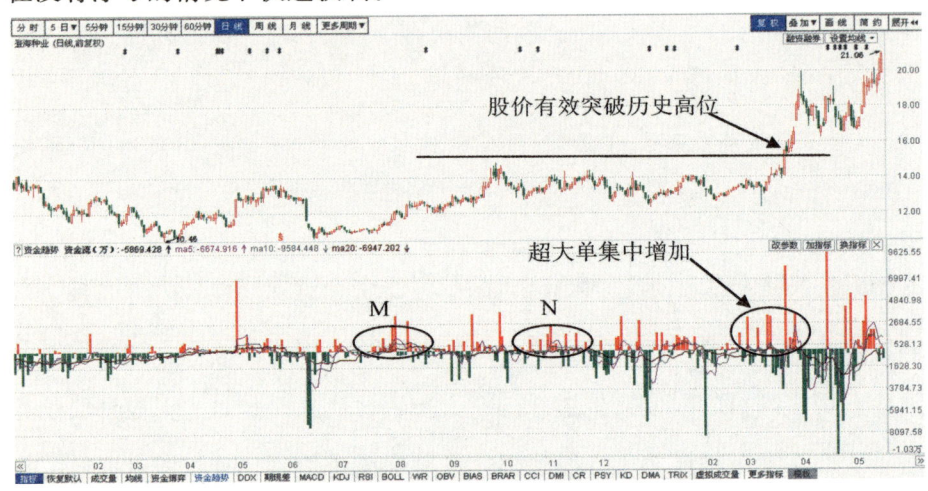

图 5-12 登海种业——超大单流入价格上涨

实战要点：

1.从价格走势来看，该股突破历史高位的时候，价格上涨速度较快。很明显，历史高位的压力较大，而该股突破压力位以后，出现了惯性上涨的情况。如果惯性上涨的走势延续下来，那么我们在价格冲高后调整的时候买入股票，都是有利可图的。

2.超大单资金流入以后，价格表现更加强势。图中标注的资金明显流入以后，价格走势异常活跃，以至于股价很快就突破了历史高位的压力区。这样一来，在我们有机会把握好买点的情况下，自然是盈利丰厚了。

3.事实上,该股资金流入还是比较明显的,前期股价还未突破历史高位,资金就已经出现净流入状态。图中的标注的 M 和 N 两个位置的资金净流入,对价格今后突破历史高位至关重要。前期资金流入为价格表现强势创造了机会,图中的股价接近历史高位,超大单流入推动价格突破压力位。

本段小结:价格接近历史高位以后,表明主力控盘已经有了结果。股价在接近历史高位的时候即将出现突破,这是行情加速信号。如果我们已经确认超大单资金流入,并且发现股价有效突破了压力区,表明主力已经开始发力拉升股价,我们采取建仓策略是没有问题的。价格加速上涨后,我们将很快盈利。

第六章

突破前的调整形态分析

　　股价突破历史高位期间,价格总会出现明显的调整形态,这是因为价格高位的压力较大,没有充分蓄势,难以形成明显的突破。那么这个时候,我们应该把握好股价接近历史高位的买点,根据调整形态的完成情况判断价格突破的节奏,从而正确把握交易机会。价格总会出现突破,那么是调整结束以后。这样看来,我们关注调整形态的同时,也抓住了典型的抄底时机。

　　本章围绕非常典型的三角形、菱形、矩形等9种形态,帮助投资者认识价格形态特征,把握最佳的突破期间的建仓机会。

第六章
突破前的调整形态分析

第一节　三角形的突破

三角形调整形态出现在价格回升阶段，是股价短线遇到阻力时开始的形态。这种形态出现的概率很高，价格在三角形调整形态中波动空间收窄，直到三角形形态完成的时候，股价才会突破上涨。我们关注三角形形态，因为该形态非常容易理解，也是价格突破历史高位前的重要支撑形态。一旦我们抓住价格突破三角形的买点，自然有机会获得高收益。

突破阶段形态分析

在价格回升阶段，三角形调整形态出现的概率非常高，通常是我们必须关注的调整形态。该形态特征简单，通常由压力线和支撑线组成。当价格波动空间不再收窄的时候，表明三角形调整形态接近尾声。这个时候，一旦股价顺利突破了三角形的上边，那么买涨的交易机会就会出现。考虑到多头趋势中股价上涨潜力较大，如果股价已经接近历史高位，并且已经出现了三角形的调整形态，那么我们应该尽快考虑建仓。

价格突破三角形形态以后，表明股价突破了重要的压力位。接下来价格继续回升，就容易突破历史高位了。价格突破历史高位的过程中，交易机会不断出现。通过成交量的变化和指标的表现，我们也会发现价格突破三角形期间的交易信号。量能放大推动价格回升，股价能够突破三角形调整形态。接下来，量能继续处于放大状态，价格将会有效突破历史高位。

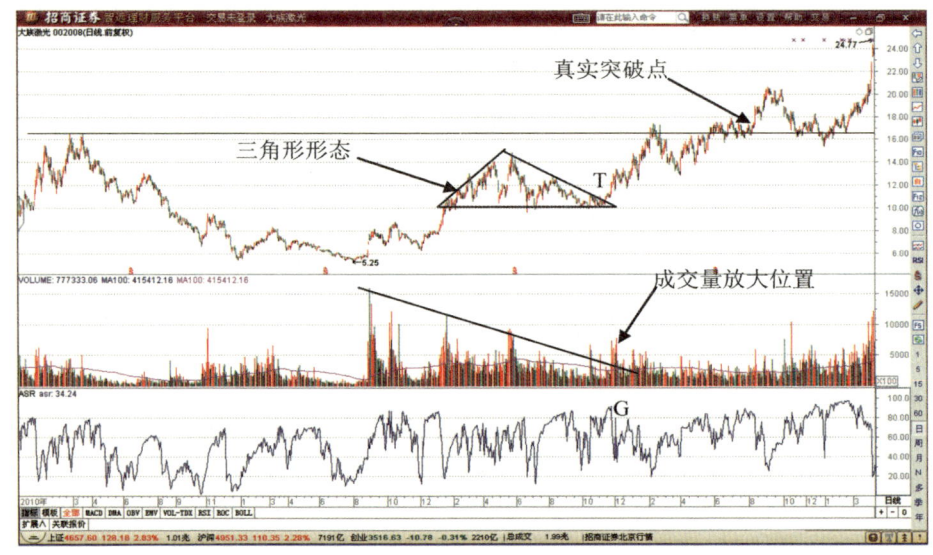

图6-1 大族激光日K线图

实战要点：

1. 从价格走势来看，股价已经完成了三角形的调整形态，图中T位置股价继续回升，便轻松突破了三角形压力位。接下来的价格走势中，该股轻松突破历史高位，表明股价明显延续了回升态势。我们继续持有该股，今后的盈利空间还是很大。

2. 从成交量来看，量能持续萎缩的时候，价格完成了三角形的调整形态。在三角形调整即将结束之时，图中量能出现放大，显然是推动价格回升的重要信号。

3. 从浮筹指标 ASR 的变化来看，图中 G 位置指标已经处于短线高位。并且，相比前期指标位置，这期间浮筹指标 ASR 的数值更高，表明股价已经处于突破的待涨阶段。价格放量脱离高浮筹区域，便是我们盈利的机会。

本段小结：通过分析三角形的调整形态，我们发现三角形调整形态结束以后，价格突破的力度很大。股价回升潜力十足，我们有机会在价格突破三角形的时候买入股票，盈利空间很高。三角形出现在拉升高位下方，为价格突破蓄势，我们不应忽视这样的典型建仓机会。

突破期间交易机会解读

在股价脱离三角形调整形态以后，股价放量回升的时候，价格自然突破历史高位。通过分析成交量的变化，我们发现量能放大是价格走强的重要基础。连续放大的成交量推动价格上行，为投资者带来更多的收益。

以三角形调整形态为起点，价格脱离三角形调整形态以后，股价上涨并且突破历史高位，是我们盈利的重要机会。价格突破历史高位以后，如果回升趋势延续，那么量能会继续放大。这个时候，我们买入股票可以提升盈利空间。

实战要点：

1. 从价格走势来看，当股价突破历史高位以后，冲高回落期间。该股继续需要历史高位提供的支撑。图中股价连续上涨后，价格很容易就脱离了支撑位。

2. 从成交量来看，量能放大是促使股价反弹的重要因素。因为有成交量快速膨胀，该股表现也非常抢眼。如果我们继续关注该股放量运行期间的交易机会，自然能够有机会盈利。

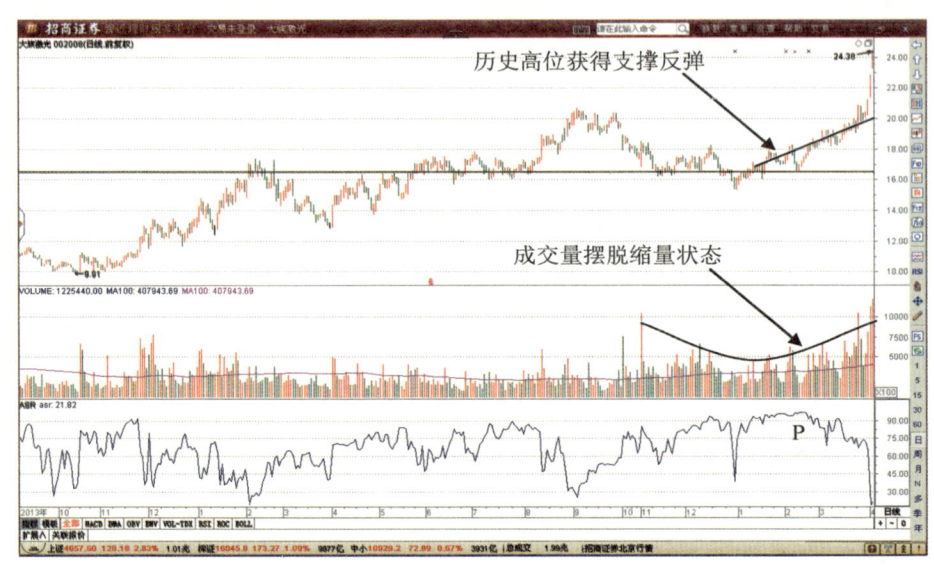

图 6-2 大族激光日 K 线图

3. 从浮筹指标 ASR 的表现来看，图中指标达到 P 位置的时候，显然是筹码增加的信号。这个时候，价格加速回升表明该股已经获得强支撑。价格脱离高浮筹区域，是实现更大涨幅的需要。

本段小结：股价突破历史高位以后，由于短线上涨空间较大，股价出现了冲高回落的走势。当浮筹指标 ASR 重新调整到高位以后，表明价格调整到位，股价放量回升自然开启新一轮的牛市行情。

第二节　矩形的突破

矩形调整形态的规模较大，较高横盘震荡时间较长，是股价突破历史高企前的重要支撑形态。如果矩形调整形态距离历史高位非常近，那么我

第六章
突破前的调整形态分析

们判断价格一旦获得支撑，便可以轻松突破历史高位。实战当中，我们根据矩形反转形态判断价格突破的买点，可以在股价突破历史高位前建仓，提高投资回报。

突破阶段形态分析

矩形调整形态是非常典型的一种形态特征，当该形态完成的时候，我们能够发现价格已经脱离了形态本身并且实现上涨。这个时候，我应该把握好价格突破矩形调整形态的交易机会，努力增加买涨的资金，才可能获得更高的回报。

矩形调整形态的规模较大，而价格调整期间已经蓄势充分，突破能够实现关键看量能大小。如果成交量较大，股价突破的概率自然很高。放量脱离矩形调整区域以后，我们能够发现价格距离突破历史高位也只是一步之遥。结合价格放量回升和指标的表现，我们不难发现股价继续回升的信息。

图 6-3 登海种业日 K 线图

实战要点：

1. 从价格走势来看，当矩形调整形态持续长达 5 个月的时候，矩形调整已经接近尾声。这期间，如果我们马上买入股票，显然可以在价格突破矩形的时候获利。

2. 从成交量来看，价格摆脱矩形调整前，成交量已经完成了类似 V 形反转形态。这表明，成交量的放大速度加快，这是推动价格上涨的重要动力。

3. 在价格突破矩形形态期间，浮筹指标 ASR 从图中的 G 位置高位快速杀跌，并且已经出现了明显的跌幅。可见，价格摆脱矩形形态的过程中，股价也脱离了筹码密集区域，该股即将展开一轮较大的回升。

本段小结：通过矩形形态分析，我们能轻松发现价格脱离矩形期间的买点。伴随着成交量的放大和浮筹指标的回落，价格突破矩形并且达到历史高位上方，这是不能改变的趋势。

突破期间交易机会解读

在价格脱离了矩形调整形态以后，我们会发现价格明显出现了突破信号。大阳线形态出现，不仅是突破矩形形态的信号，同时也是突破历史高位的信号。我们据此判断做多的交易机会，买入股票以后自然能够盈利。

在历史高位附近，价格能否有效突破矩形形态，取决于股价调整的充分程度。持续时间越长，矩形调整越是到位。价格突破矩形形态意味着股价上涨潜力会很高。紧接着价格突破历史高位以后，追涨资金推动价格突破，买入股票的机会就会更加成熟。

实战要点：

1. 从价格走势来看，当大阳线出现以后，股价突破了历史高位，这是

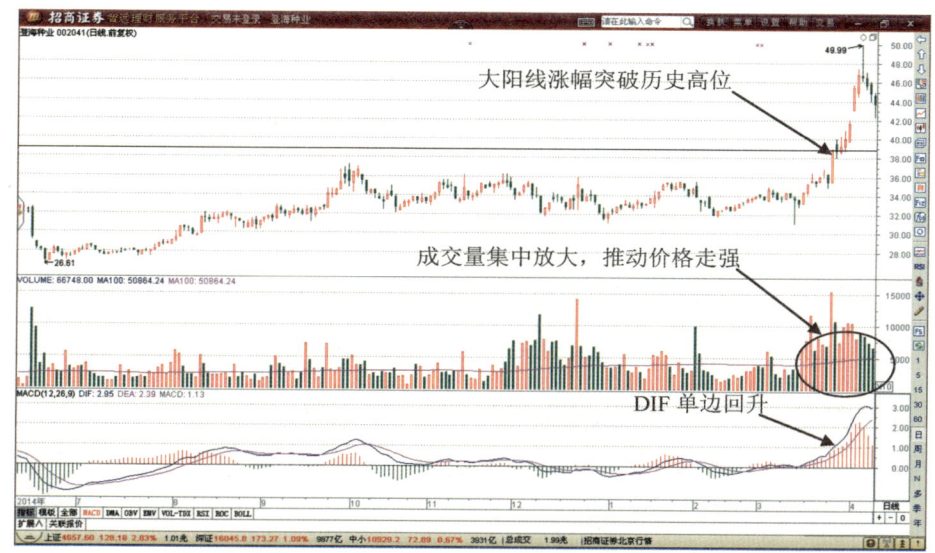

图 6-4 登海种业日 K 线图

回升趋势延续的信号。如果是假突破走势，显然该股不会出现如此大的涨幅。我们判断该股的放量拉升突破是有效的，股价依然可以继续回升。

2. 从成交量来看，图中量能已经明显放大，这是推动价格突破矩形上限和拉升高位的重要信号。量能维持高位运行，股价回升潜力依然较大。

3. 从 MACD 指标的表现来看，DIF 线震荡回升，已经明显处于历史高位。这个时候，表明均线的发散回升根据显著，做空投资者很难改变价格回升趋势。那么股价在这个时候突破历史高位就会成功。

本段小结：多头趋势中，矩形形态可以提供非常好的支撑。价格脱离矩形形态的过程，也是我们获得收益的过程。价格脱离矩形形态，并且一次性突破历史高位，将为投资者带来不错的投资回报。

第三节　菱形的突破

菱形调整形态相对复杂，是价格突破历史高位前必须关注的形态。菱形形态被突破的那一刻，交易机会在很短的时间里形成，我们追涨才能把握建仓机会。菱形形态中，价格波动空间从放大到收缩，形态完成前便是放量突破的位置。在接近历史高位的时候，股价以菱形形态为跳板加速回升，我们把握机会建仓即可获利。

突破阶段形态分析

价格回升期间，我们可以根据调整形态的调整节奏判断建仓机会。菱形调整形态被突破以后，价格得以挑战历史高位。这个时候，股价表现会更加强势，菱形调整形态提供了很好的支撑。

菱形调整期间，价格双向波动更加频繁。当成交量放大以后，股价可以突破菱形形态。成交量规模越大，价格突破菱形的力度也会更大。从交易机会来看，股价突破菱形形态期间，我们可以根据成交量连续放大的情况判断持仓机会。量能持续放大，价格突破历史高位后可以单边回升。

实战要点：

1.从价格走势来看，菱形调整形态出现在历史高位下方，调整时间不长，显然是价格突破历史高位前的蓄势形态。如果我们将其看作是重要的建仓机会，价格脱离菱形就是买点了。

2.从成交量的放大情况来看，量能在图中位置显著回升，是价格突破的重要信号。成交量向上突破以后，量能放大的状态还未结束。因此，股

第六章
突破前的调整形态分析

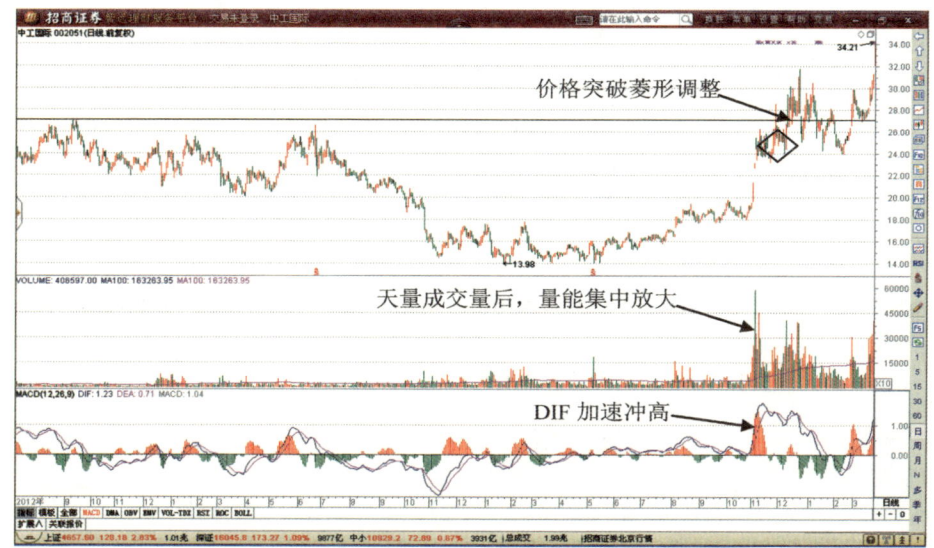

图 6-5 中工国际日 K 线图

价能够放量突破菱形形态。后续这种成交量连续放大的情况得以延续，我们追涨自然能够盈利。

3. 从 MACD 指标的运行情况来看，图中 DIF 线明显向上突破的时候，表明均线发散力度提高。这样，在我们追涨建仓的情况下，自然是有利可图的。

本段小结：总体看来，在成交量放大的推动下，股价回升趋势很难结束。当股价接近历史高位的时候，这种突破走势随时会出现。那么我们应该根据情况挖掘交易机会，在价格突破菱形的时候买入股票，盈利空间将快速提升。

突破期间交易机会解读

当成交量集中放大的时候，股价短线表现异常活跃。但是，如果成交量没有持续回升，那么价格调整走势就会出现。实战当中，量能从高位萎缩的时候，股价即便已经突破历史高位，调整走势也会再次出现。

那么我们应该把握好建仓交易机会，在量能第二次放大的时候建仓，必然是有利可图的。量能第二次放大的时候，成交量突破等量线的过程中，价格上涨速度加快。这个时候，我们把握好买入股票的时机，可以跟随多头趋势越来。在历史高位附近冲高回落的情况下，二次放量期间，价格反弹上涨是我们非常重要的建仓位置。

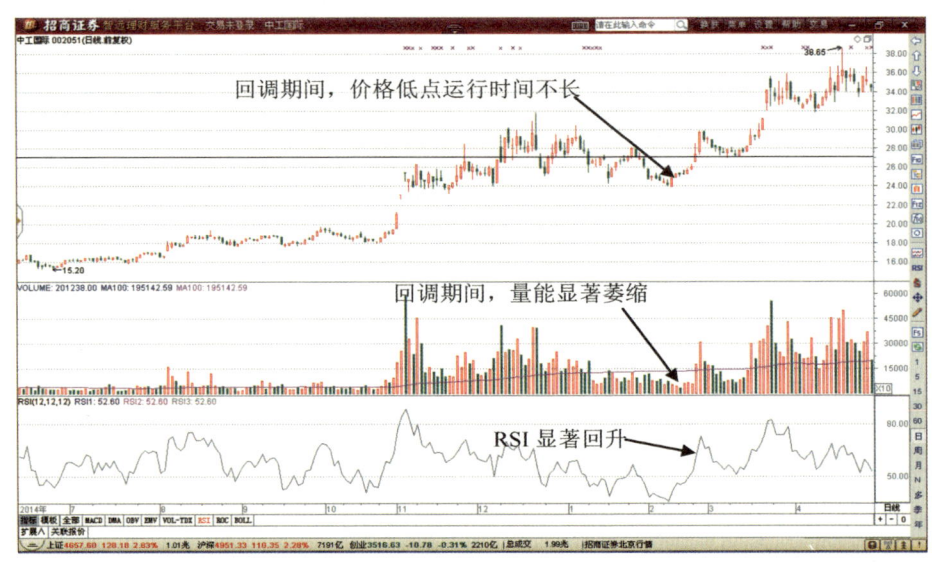

图 6-6 中工国际日 K 线图

实战要点：

1.从价格走势来看,图中股价冲高回落,价格虽然已经突破了历史高位,但是真正的拉升还未出现。当股价二次回落至历史高位的时候，短线买点已经出现。

2.从成交量来看，图中股价回调期间量能达到了底部区域。这个时候介入，显然是缩量低价的绝佳买点。价格突破历史高位以后，二次回调期间我们确认价格回升趋势，买入股票即可盈利。

3.从 RSI 指标的变化来看，图中该指标突破了 50 线的情况下，表明股价已经再次确认了回升趋势。我们判断买点已经出现，快速买入股票不仅获得短线回报，也获得了价格上涨带来的中期投资回报。

本段小结：实战当中，我们可以根据成交量的放大情况判断建仓机会。如果成交量快速放大，但是没有持续下来。即便量能处于高位，我们也需要谨慎应对缩量期间的做空机会。而当股价放量突破历史高位，并且二次放量反弹的时候，这是我们第二次买入股票的机会。

第四节 喇叭口形的突破

喇叭口形态的波动空间较大，是非常典型的调整形态。我们关注喇叭口形态的过程中，需要对即将出现的调整做好充分准备。喇叭口形态的震荡空间不断扩大，而我们如果想要获得收益，必须在价格波动空间扩大前买入股票。当我们确认建仓价位处于喇叭口形态的低点时，那么价格脱离喇叭口低点以后很容易突破历史高位。

突破阶段形态分析

喇叭口形态是相对复杂的调整形态，是价格脱离调整走势的重要买点。特别是股价双向波动次数较多，当成交量最终明显放大的时候，我们在这个时候买入股票，自然可以有效获利。

喇叭口形态的上限被突破以后，价格上涨空间被打开。从整体运行趋势判断，喇叭口形态的高位被突破的情况下，我们关注期间的买点，自然是有利可图的。交易机会不容错过，我们把握好买点的情况下，自然可以获利丰厚。

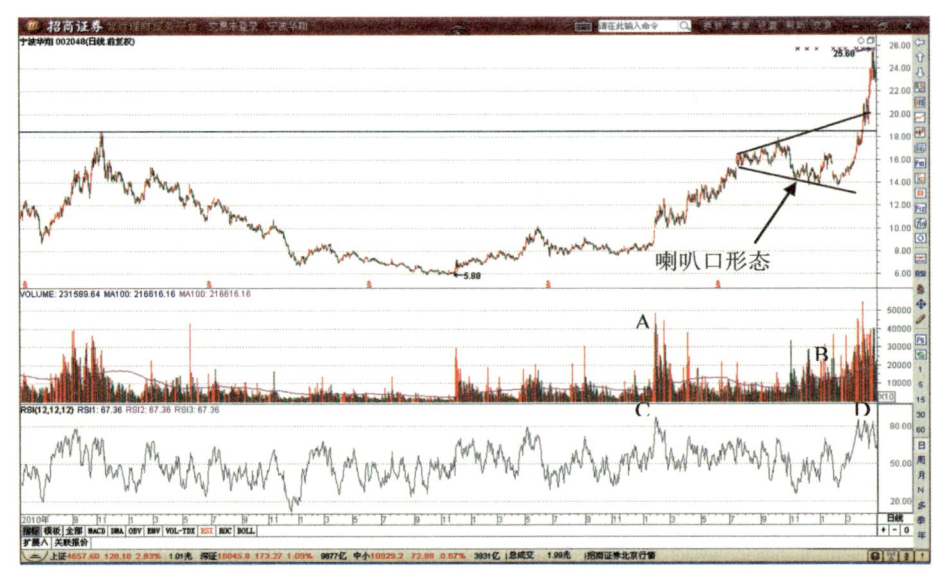

图 6-7 宁波华翔日 K 线图

实战要点：

1.从价格走势来看，图中喇叭口形态的规模较大，并且出现在历史高位下方，是多头趋势延续的重要信息。我们判断这种喇叭口形态的上限被突破之时，交易机会可以轻松实现。

2.在成交量放大的情况下，我们通过图中的 A 位置的量能变化判断建仓机会，还是能够成功的。而股价突破喇叭口形态的时候，成交量在图中的 B 位置出现更大的放量。据此推断，价格突破喇叭口形态的上限被突破，盈利机会已经形成。

3.从图中的 RSI 指标来看，当指标明显在图中 C 位置达到超买位置，而接下来图中 D 位置达到更明显的超买状态。超买状态越是明确，价格上涨趋势也就更确定，买入股票的盈利空间越高。

本段小结：通过分析喇叭口的调整形态，我们可以轻松发现价格突破喇叭口上限的买点。如果量能放大推动价格突破喇叭口上限，我们就应该考虑建仓并获得收益。当然，价格突破历史高位的过程中，同时也是完成喇叭口形态的过程，交易机会很容易形成。

突破期间交易机会解读

喇叭口形态完成的时候，价格轻松脱离喇叭口形态，是追涨的重要机会。喇叭口形态提供了很好的支撑，价格不仅可以脱离历史高位，还能实现较大的涨幅。根据喇叭口形态特征，我们能够把握好价格突破历史高位期间的买点，获得更高的投资回报。

针对可能出现的波动，我们应该做好心理准备。价格异常波动期间，如果股价在喇叭口形态中长时间双向波动，我们就应该做好应对的准备。价格难以在短时间内脱离底部区域。不过通过成交量和价格反弹空间判断，一旦出现回升走势，我们就应该把握好买点。

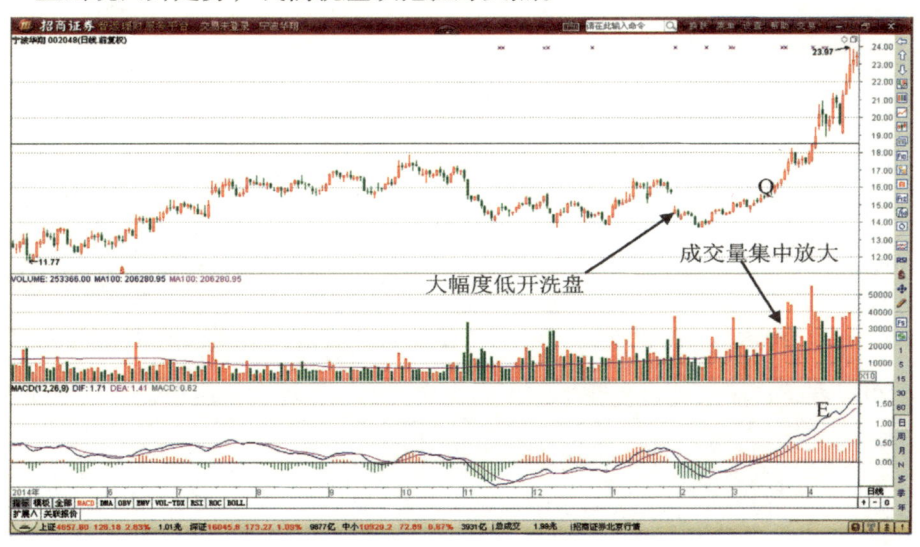

图 6-8 宁波华翔日 K 线图

实战要点：

1. 从价格走势来看，在股价接近历史高位的时候，我们发现股价一度

出现明显的低开走势。低开幅度较大,显然是主力洗盘动作了。洗盘之后该股延续了回升走势,并且顺利突破了历史高位。

2.当我们确认了主力的洗盘动作以后,并且已经发现股价放量回升,那么图中的 Q 位置是不错的买点。这个位置的成交量较大,股价进入回升状态,买入股票后的盈利概率很高。

3.从 MACD 指标的表现来看,图中 DIF 线顺利回升的时候,指标已经出现了明显突破。指标回升趋势明确,E 位置的高位是不错的建仓机会。

本段小结:我们确认喇叭口形态的同时,也判断出价格反转期间的交易机会。成交量明显推动价格突破历史高位,并且脱离了喇叭口形态,这是局部反弹转变为中长期回升走势的信号。

第五节 圆弧底的突破

圆弧底的反转形态是典型的持续回升形态,是价格走强的重要建仓形态。该形态确认的时间较长,但是一经确认,股价回升潜力将非常大。我们可以在确认了圆弧底反转形态以后买入股票,并且在价格走强期间加仓,可以获得比较高的回报。圆弧底反转形态确认以后,股价以加速上涨形式冲高,为投资者带来不错的投资回报。

突破阶段形态分析

圆弧底的反转形态是非常典型的支撑形态,是价格快速上涨的重要推动形态。如果我们发现了圆弧底的反转走势,那么借此机会买入股票,获利空间还是很高的。圆弧底的反转形态形成以后，价格反转效率非常高。圆弧底形态支撑下，股价经常以加速反弹的形式上涨。如果真是如此，那我们应该关注圆弧底提供的交易机会了。

当圆弧底还在雏形的时候，价格还未实现较大涨幅，我们这期间买入股票的话，潜在的盈利空间就很高了。圆弧底提供的支撑非常强，我们完全可以在圆弧底支撑下建仓。价格反转圆弧底反转的过程，也是股价突破历史高位的过程。历史高位的压力有限，我们把握好机会可以更轻松地盈利。

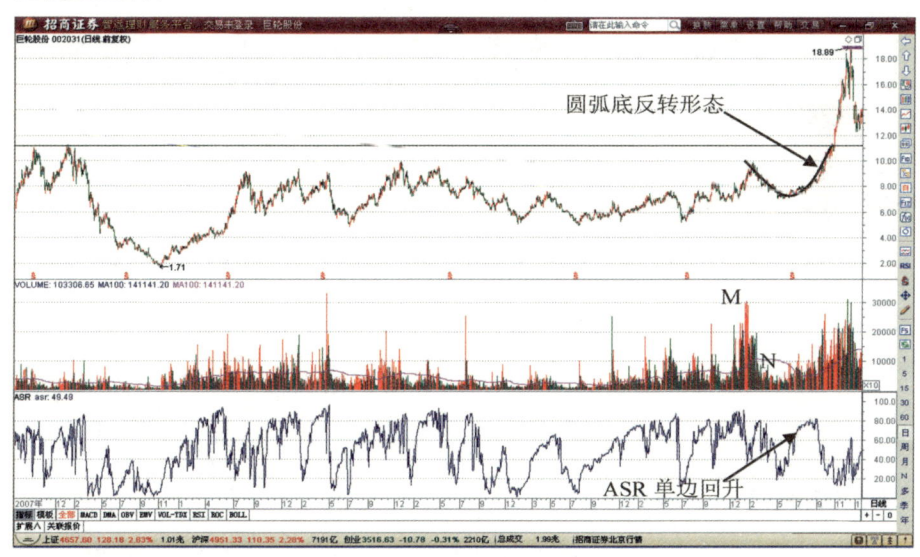

图 6-9 巨轮股份日 K 线图

实战要点：

1.从价格走势来看，价格完成圆弧底反转形态的时候，支撑力度较大。该股回升势头明显，而我们有很多介入的机会。特别是在价格突破历史高位前，我们买入股票的盈利机会很多。

2.从成交量来看，图中 M 位置的量能较大，而随着成交量的快速萎缩，

图中 N 位置的量能显著。这表明，圆弧底完成期间的量能也呈现出圆弧底的反转形态。那么我们判断这种反转形态能够支撑价格上涨。特别是量能二次回升以后，圆弧底的反转形态有望延续。

3. 图中 ASR 指标明显出现了持续回升的情况，是浮筹增加的信号。同时，这期间的股价出现回升走势。我们判断价格正逐步接近高浮筹区域。并且在 ASR 指标回调期间脱离浮筹区域。表明多头趋势延续，我们短线买入股票的机会形成。

本段小结：通过圆弧底的反转形态，我们能够预期价格突破的走势。股价回升并且冲击历史高位的时候，交易机会出现在圆弧底反转形加速实现的过程中。

突破期间交易机会解读

在圆弧底反转形态得到确认以后，我们判断反转走势出现加速迹象，及时买入股票可以获得收益。当价格接近历史高位的时候，圆弧底提供的支撑形态能够促使股价突破历史高位。那么我们这期间持股，就非常有必要了。价格一旦突破历史高位，股价上涨空间很快得到释放，我们的盈利空间也快速增加。

在股价确认了圆弧底反转形态以后，价格上涨潜力较大，其间很少会出现明显的调整走势。那么我们持仓成本显然会比较高，但是这并不影响我们获得利润。股价强势回升，持股以后我们的盈利速度很快。随着圆弧底反转形态的延续，价格有望快速挑战历史高位压力区。

实战要点：

1. 从价格走势来看，图中股价短线回调以后，马上突破了历史高位的压力区。可见，该股的回升趋势明显，我们把握好交易机会能够获得丰厚

第六章
突破前的调整形态分析

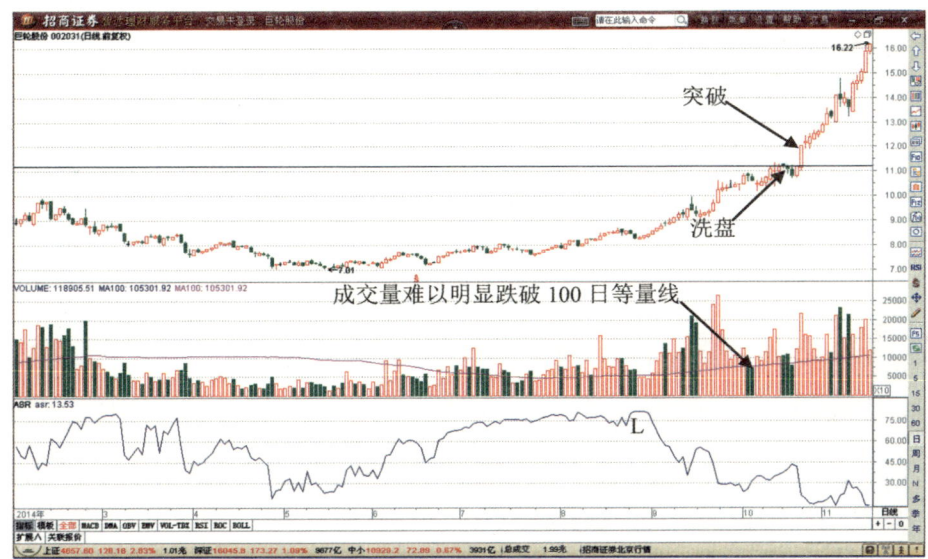

图 6-10 巨轮股份日 K 线图

的回报。价格突破历史高位的时候，明显出现了大阳线的 K 线形态，这是非常典型的突破形态。

2. 从成交量，图中量能稳定放大，这是推动价格上涨的重要因素。量能稳定在 100 日等量线上方，股价很难出现回调走势。

3. 图中 L 位置的浮筹指标 ASR 明显从 75 以上的高位回落，表明股价回升期间脱离了高浮筹区域。那么随着 ASR 连续回落，价格上行趋势得到加强。

本段小结：圆弧底反转形态完成的时候，价格上涨速度很快，这是成交量持续放大的结果。股价并不需要明显的调整，价格就脱离了高浮筹区域，显示主力拉升股价的力度很大。价格顺利突破历史高位的时候，我们持有的股票已经获得丰厚回报。

第六节 双底的突破

历史高位下方出现了双底反转形态，这种形态能支撑价格上涨，是非常典型的反转走势。我们判断双底形态的时候，只需要确认两个底部和价格突破信号，便能够确认股价走强趋势。如果股价即将突破历史高位，那么双底反转形态将提供比较好的支撑。我们据此买入股票，可以在价格突破历史高位以后获得更高回报。

突破阶段形态分析

双底形态提供了非常好的支撑，价格连续两次探底成功的时候，是股价轻松脱离底部区域的时刻。这个时候，我们判断反转走势已经形成，趁机买入股票可以获得较高的回报。特别是股价接近了历史高位的时候，双底反转便是股价加速突破的形态，也是我们考虑建仓获利的时刻。

作为股价回升期间的调整形态，双底反转形态出现在任何一个位置，都是股价获得支撑的表现。即便压力较大，成功完成的双底反转形态的情况下，价格也完全能够突破压力位。实战当中，关注双底形态特征和量能变化，这是我们把握突破走势的关键。

实战要点：

1. 从价格走势来看，股价反弹至历史高位下方的时候，双底形态提供了很好的支撑效果。价格从双底形态获得支撑后快速上行，股价轻松突破了拉升高位的压力区。这个时候，我们很容易判断双底提供的买点以及接下来的盈利机会。

第六章
突破前的调整形态分析

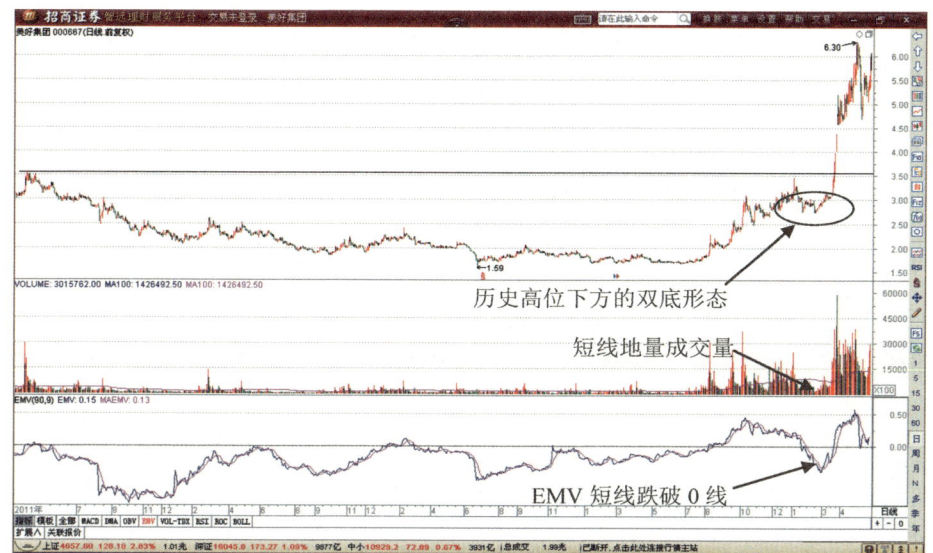

图 6-11 美好集团日 K 线图

2. 从成交量来看，底部完成前量能明显放大，显示多空双方观望。在调整结束以后，成交来看明显回升，推动价格快速脱离价格高位压力区。

3. 图中 EMV 指标的走向来看，在指标短线跌破 0 轴线的时候，显然是主力洗盘的时刻。这期间的量能并不大，投资者参与热情降低。考虑前期 EMV 指标处于高位运行，成交量可以配合股价上涨。那么我们这期间买入股票，就容易盈利了。

本段小结：有效判断价格回调期间的买点，我们可以获得廉价筹码，同时又能提升盈利空间。双底反转的小规模反转成就价格较大幅度回升，非常难得的盈利机会出现。

突破期间交易机会解读

双底反转得到确认以后，价格回升潜力得到释放。股价短时间内的放量不会结束，直到价格有效突破了历史高位的时候，我们的盈利机会就会形成。

考虑到双底反转的效率很高,我们追涨买入股票的效率也应该紧跟价格走势。

考虑到价格已经接近历史高位,突破期间,交易机会出现在双底反转完成的过程中。由于历史高位接近双底反转的颈线,股价完成双底的过程,也是突破历史高位的过程。双底反转过程中,股价回升是在加速中完成的。股价回升期间的阳线涨幅不断扩大,以至于价格达到了涨停的程度。以涨停板飙升的形式脱离历史高位,是股价有效突破的重要表现。

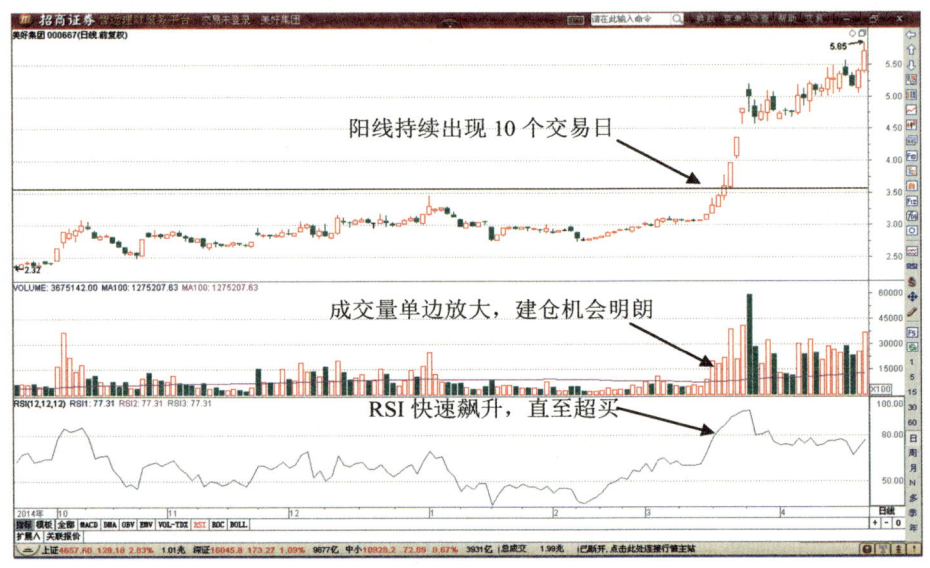

图 6-12 美好集团日 K 线图

实战要点:

1.从价格走势来看,当股价完成了双底反转走势的时候,股价快速脱离了底部区域。双底形态提供了较好的支撑,股价以连续拉升 10 个交易日阳线的形式突破了历史高位。

2.从成交量来看,量能不仅达到了 100 日等量线上方,还实现了明显的放量。这种放量状态短期都没有停止的迹象,我们乘此机会介入,都会有不错的盈利。

3.通过分析图中RSI指标，我们发现该指标明显突破了80的超买位置。这表明，价格走势非常强，以至于超买的情况下股价都不会出现调整的情况。指标强势配合的情况下，该股表现自然会非常出色了。

本段小结：当我们判断股价处于明显的双底反转阶段，价格脱离低点的过程中，交易机会已经出现。我们据此判断买入股票的机会。接下来的盈利空间较大。

第七节 尖底反转的突破

尖底反转形态的价格回升速度较快，是非常有效率的反转形态。如果股价从历史高位附近回落，那么尖底反转形态是不可或缺的支撑形态，也是我们判断价格走强的建仓交易形态。获得支撑的股价很快回升，价格短时间内突破历史高位以后，买涨交易机会出现。如果股价再次出现类似的尖底反转形态，我们据此判断买点还是能够成功。

突破阶段形态分析

尖底的反转形态是非常典型的形态，是价格快速进入飙升状态的前兆。如果我们已经发现股价出现了尖底反转形态，那么我们应该尽快多持有股票才行。反转期间，价格脱离尖底的过程中，股价突破反转形态颈线就是回升趋势加速的起点。

实战当中，如果我们没有提前发现尖底反转形态，那么也可以在尖底反转形态确认的时候买入股票。尖底反转形态确认的时候，价格短时间内突破历史高位。即便如此，买入股票依然有利可图。

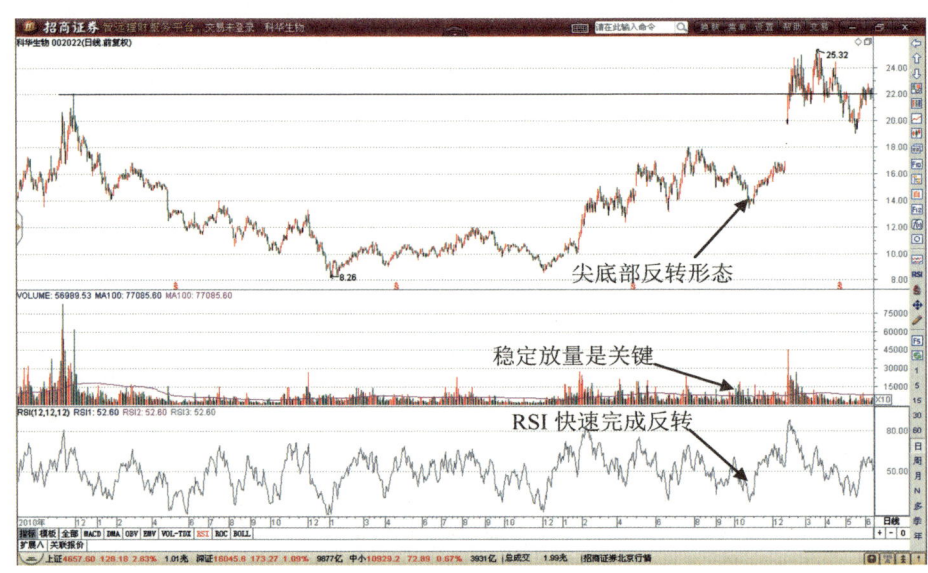

图6-13 科华生物日K线图

实战要点：

1. 从价格走势来看，图中股价摆脱了尖底反转形态以后，该股以跳空一字涨停的形式突破历史高位。很明显，这是价格加速上涨的信号，同时也是我们关注买涨机会的时刻。股价反转速度较快，即便是在历史高位上方，该股获得的支撑都是很强的，我们买入股票的盈利空间较大。

2. 从成交量来看，当价格飙升的时候，我们发现图中量能稳定放大，是价格突破的关键因素。这种放量延续到后期，价格处于历史高位的时候依然放量，那么股价回升趋势就会得到延续。

3. 当RSI指标快速完成反转走势的时候，股价回升趋势又一次得到加强。这个时候，真是尖底反转形态完成的时刻。我们关注RSI指标突破50线后回升过程，容易发现买入股票的机会。

本段小结：通过分析价格走势，我们发现尖底反转形态具备了很强的突破意义。一旦出现这种反转形态，我们应该尽快确认价格回升趋势，在

第六章
突破前的调整形态分析

价格突破历史高位的过程中建仓，有机会获得较好收益。

突破期间交易机会解读

由于尖底反转形态提供的支撑较好，股价突破历史高位以后，还是会继续上行。调整过程中，历史高位就提供了很好的支撑。我们不必等价格真正开始回升的时候再考虑买入股票，而是可以在价格回调历史高位以后，趁机低吸建仓。

随着回升趋势的延续，尖底反转形态提供的支撑再次使股价放量上涨。从价格突破历史高位以后，股价上行趋势继续得到加强。连续放大的成交量成为推动价格上涨的重要因素。我们只需要关注成交量的连续放大情况，就能够获得较好的买点了。

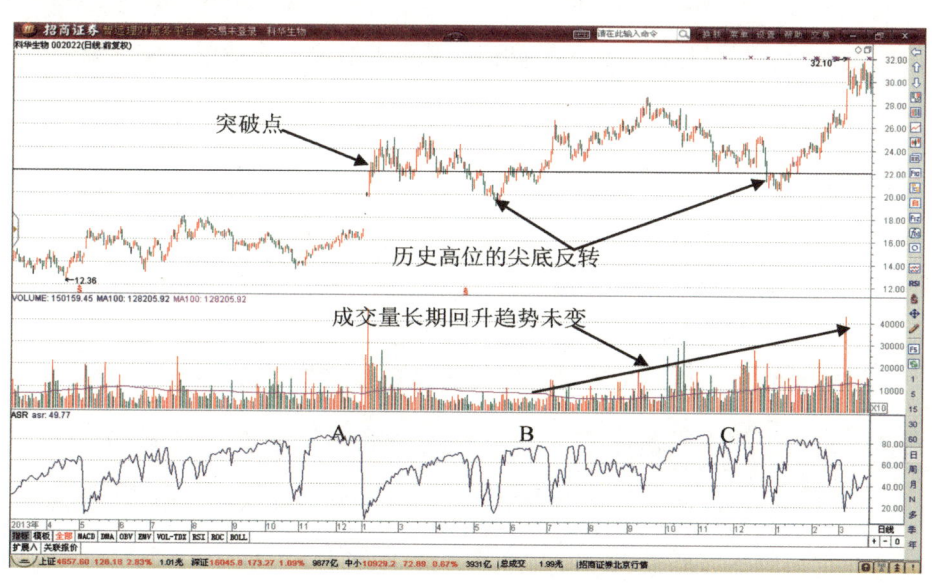

图6-14 科华生物日K线图

实战要点：

1.从价格走势来看，价格以尖底反转的形式突破了历史高位，而交易机会就出现在价格突破历史高位以后。历史高位提供的支撑较强，股价依然会再次获得支撑，并且继续上行。那么价格回调到历史高位以后，我们都有机会建仓盈利。

2. 从成交量的变化来看，图中成交量的回升趋势延续下来，股价上涨势头不会轻易停止。量能稳定放大，价格上行趋势可以延续。成交量越稳定，价格回升趋势越是明显。即便调整期间，价格也很难出现明显的下挫。

3. 图中浮筹指标 ASR 分别在 ABC 三个位置出现了高浮筹的情况，这是价格突破前的信号。A 位置是尖底反转形态开始的起点，而 B、C 两个位置分别是股价获得历史高位支撑以后开始加速回升的起点。一旦我们把握好这三个高浮筹的买点，盈利空间自然较大。

本段小结：通过分析尖底反转形态，我们能够很好地确认反转走势。价格脱离反转形态并且达到历史高位，我们的盈利机会还是非常明显的。

第八节　头肩底的突破

当股价接近历史高位以后，短线获得支撑的反转形态对价格突破意义很大。头肩底反转形态是其中的一种，是股价短线突破历史高位的支撑形态，也是我们追涨买入股票的重要看点。如果头肩底反转形态得到确认，那么股价突破头肩底颈线，并且在接下来的回升中突破历史高位。那么回升趋势得到确认，我们买入股票可以很快就获得收益。

突破阶段形态分析

头肩底的反转形态是非常典型的买涨信号，该形态持续时间较短，但是对价格回升的推动效果非常好,如果我们发现这种形态出现,配合成交量放大就能够发现建仓交易机会了。

头肩底的反转形态可以出现在价格低点,当然,回升趋势中同样会出现这种形态。该形态的特征比较复杂,通常是比较有效的支撑形态。价格获得头肩底形态提供的支撑以后上涨,股价突破压力位的概率就很高了。

头肩底形态出现的时候,价格在头部区域的跌幅较大,但是股价处于低点时间较短。也就是说,股价能够很快摆脱价格低点,以加速反弹的形式完成反转走势。

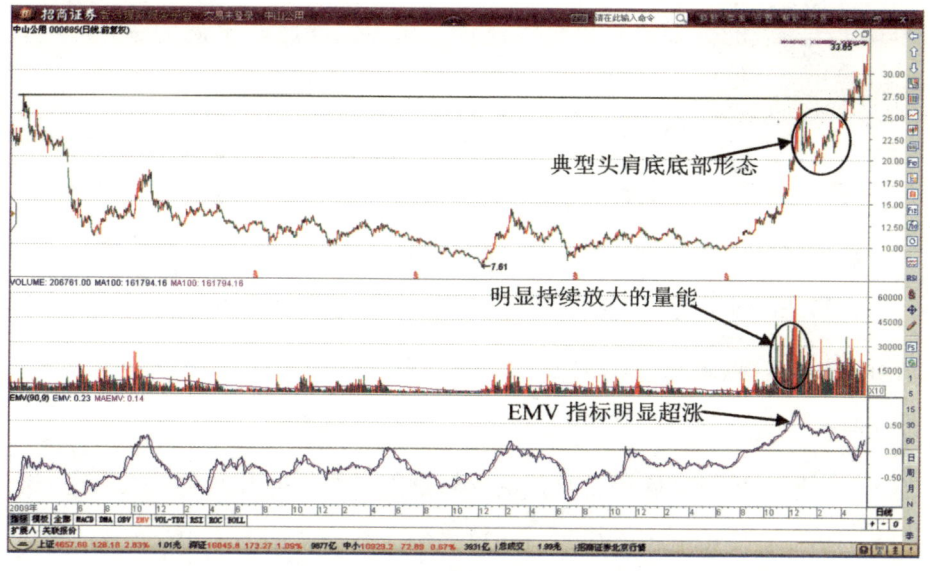

图 6-17 中山公用日 K 线图

实战要点:

1.从价格走势来看,头肩底反转形态出现在历史高位下方,是支撑股价回升的重要反转走势。该形态出现的时候,股价调整时间不超过 4 个月,反转形态已经形成。这个时候,反转推动的建仓机会已经成熟,我们介入

还是有利可图的。

2. 从成交量来看，图中量能放大期间，股价表现抢眼。经历了头肩底的调整以后，量能稳定下来，能推动价格继续回升。交易机会就出现在股价放量上行期间。

3. 从 EMV 指标来看，该指标早已经处于 0 轴线上方的时候，表明价格走势很强。接下来，只要 EMV 处于 0 轴线上方，即便出现回调的情况，股价依然很容易反弹上涨。该指标强势也为我们买入股票提供了机会。

本段小结：当成交量达到强势放量时候，量能可以达到等量线的 3 倍，这是资金明显流入的信号。如果我们发现了这种放量趋势，买入股票是没有问题的。多头趋势难以逆转，而我们把握好建仓交易，自然有利可图。

突破期间交易机会解读

当头肩底形态完成以后，成交量明显处于放大状态，推动价格远离头肩底形态。头肩底形态中价格出现了较大调整，调整幅度较大并且回调时间较长。通过成交量的变化，我们发现交易机会出现在量能连续回升的时候。

作为推动价格突破历史高位的反转形态，股价回升途中以头肩底完成反转走势，行情还可以在较长时间里延续。头肩底形态出现的时候，股价已经接近了历史高位，距离突破历史高位仅一步之遥。

实战要点：

1. 从价格走势来看，途中股价回升期间完成头肩底的反转走势，股价回调结束以后，该股很快进入回升趋势。头肩底成为历史高位下方的重要支撑形态。

第六章
突破前的调整形态分析

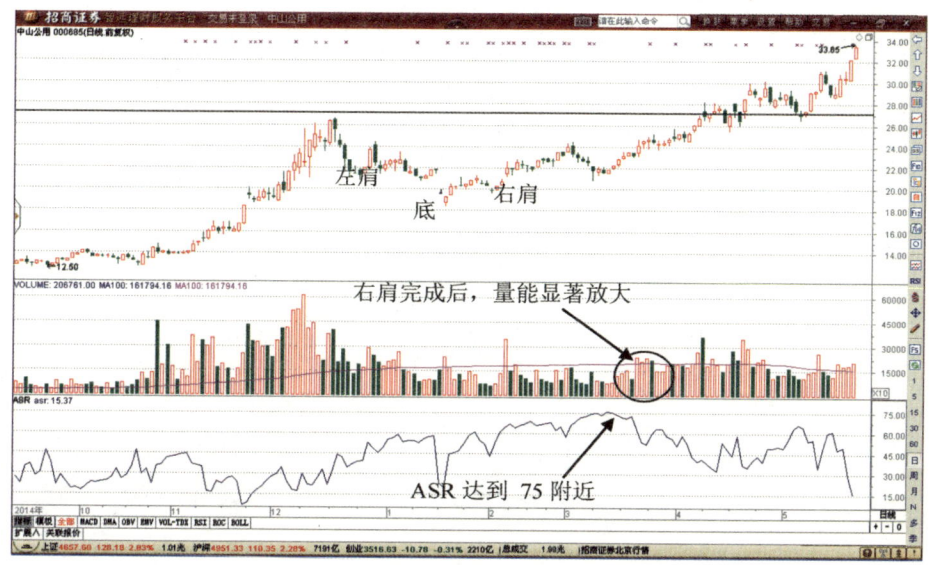

图 6-18 中山公用日 K 线图

2. 从成交量的变化来看，图中股价脱离头肩底形态以后，成交量有效放大，推动价格走强。量能成为衡量头肩底调整到位的重要指标。

3. 从浮筹指标 ASR 来看，该指标从图中 75 的高位回调的时候，我们能够发现明显的走低信号。指标高位回落的时候，表明价格正在摆脱浮筹区域，股价将持续上涨。

本段小结：结合量价关系，我们发现出现在历史高位下方的头肩底反转形态支撑效果良好。股价从头肩底调整中恢复上行趋势，突破历史高位期间，我们有机会买入股票并且盈利。

第七章

分时图看历史高位突破买点

当股价有效放量上涨的时候，我们会发现价格突破了历史高位的压力位，这是非常典型的买入股票的机会。通过分析分时图中价格走势，我们能够更好地发现价格表现，并且把握好期间的交易机会。回升趋势中，价格会在分时图中表现得非常强势，因此能够突破日K线图的历史高位。这样一来，行情发展期间我们就能够很好地盈利了。

第一节　缩量突破买点

价格突破历史高位的时候，成交量可以是萎缩状态，这并不影响价格走强。在主力控盘力度较大时，即便缩量股价依然有机会大幅度上涨。那么实战当中，我们可以在价格缩量突破的时候买入股票，依然有机会盈利。实际上，虽然日 K 线图中股价缩量突破，但是分时图中也出现了一些放量。量能短线放大推动价格轻松突破历史高位，多头趋势从此开始加速。

突破阶段价格走势分析

在股价回升期间，成交量放大的时候，股价自然能够突破历史高位的压力区。特别是考虑股价的回升趋势比较明显，如果我们判断建仓价位合理，就可以马上买入股票了。实战当中，股价进入明显的放量回升状态的时候，股价突破历史高位还是非常容易的。价格高位的压力区做空力度较大，但是多方资金流入明显。一旦股价接近拉升高位，放量突破的走势就会形成。

与放量突破形成鲜明对比的是，股价以缩量形式突破历史高位。量能虽然没有放大，但是股价却突破了压力位，表明主力的控盘力度较强。控盘程度越强，价格上涨的概率越大。如果我们确认了股价的回升趋势，那么追涨风险就很小了

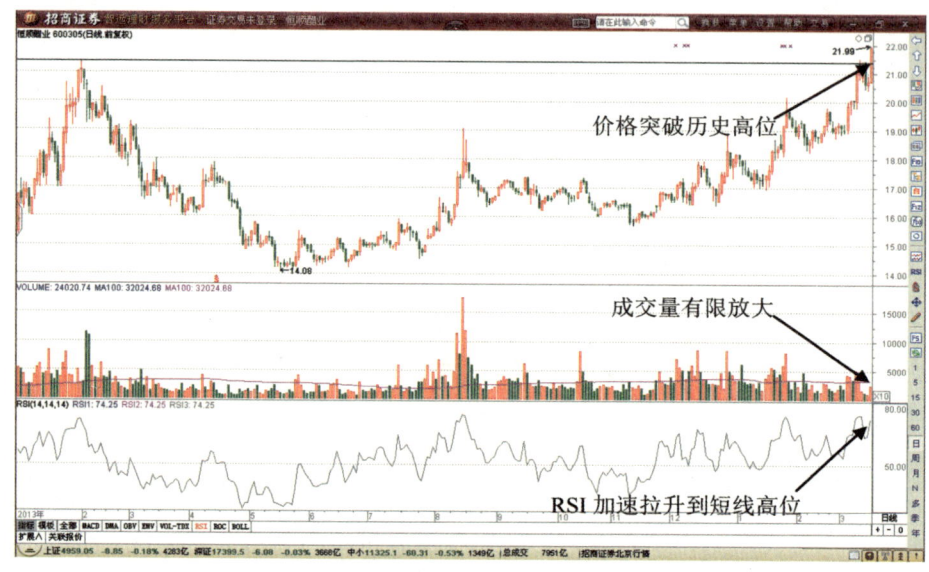

图 7-1 恒顺醋业——无量突破走势

实战要点：

1. 从价格走势来看，股价震荡上行期间，我们发现该回升速度不快，但是震荡期间能够不断接近历史高位。最终，图中股价反弹过程中出现了交易机会。

2. 从成交量来看，图中量能已经出现短暂萎缩的情况。不过，这并未影响股价的回升趋势。价格依然震荡回升，并且有效突破了历史高位。

3. 从 RSI 指标的走势来看，指标运行依然非常强势。该指标虽然还未达到 80 的超买状态，但是指标强势显然有助于价格回升。这个时候，我们有机会把握好交易机会，继续获得收益。

本段小结：整体来看，该股呈现出缩量突破的状态。该股以缩量的形

第七章
分时图看历史高位突破买点

式突破了拉升高位压力区，显示出明显的回升态势。

突破期间交易机会解读

在分时图中，如果我们确认了分时图中的价格走强趋势，那么交易机会很容易出现在价格上涨期间。结合日K线图价格表现，股价回升到接近拉升高位的时候，价格有效突破提示交易机会。

日K线图中股价缩量突破历史高位，但是分时图中却出现一些的放量。实战当中，由于主力控盘程度较高，量能不需要太多，价格就能够实现上涨。不过从分时图来看，股价放量不会太多，少量资金流入是价格继续回升的重要条件。我们判断价格具备持续上行的基础，突破历史高位的过程中，交易机会也就出现了。

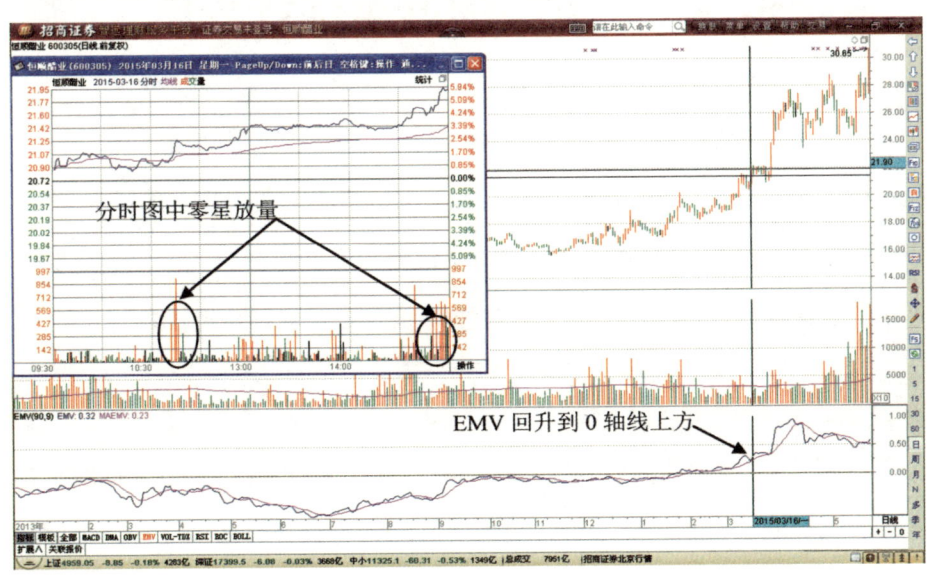

图 7-2 恒顺醋业——分时图表现

实战要点：

1. 从价格走势来看，我们发现分时图中股价高开后震荡回升。上午盘

和收盘前出现了明显的放量。该股表现比较抢眼，价格可以在回升趋势中上行，这也为我们买入股票提供了很好的盈利机会。

2. 从指标来看，图中 EMV 指标在图中明显达到了 0 轴线上方的时候，显示成交量对股价的推动效果还是比较好的。这样看来，我们有机会继续获得利润。

本段小结：当 EMV 指标震荡回升的时候，我们发现交易机会就出现在价格上行期间。股价回升潜力较大，而我们如果把握好缩量突破历史高位的买点，依然有机会获得收益。

第二节　分时图放量反转买点

当股价接近历史高位的时候，分时图中总是能够出现突破的情况，这是价格加速上涨的信号，同时也是我们追涨的机会。历史高位的压力较大，股价短线难以突破压力位。而分时图中价格探底回升并且完成反转走势，这是股价快速回升的信号。我们在这个时候追涨，可以获得较好的收益。

突破阶段价格走势分析

当股价回升到拉升高位的时候，我们发现，股价突破历史高位的过程是一波三折的。特别是在股价接近历史高位以后，分时图中股价出现回调的情况，这是股价上涨期间遇到阻力的信号。如果股价探底回升，并且出现了明显的拉升，那么压力位也会被突破。

分时图中我们把握好价格探底回升的反转走势，而接下来股价突破历史高位就可以继续盈利了。历史高位的压力更容易体现在分时图中。而从

第七章
分时图看历史高位突破买点

日 K 线图中来看，如果股价回升趋势明确，并且成交量推动的价格上行潜力较大，我们可以更好地把握买点。牛市推动的多头趋势不断发酵的时候，股价很容易突破历史高位并且加速上行。交易机会形成以后，我们自然有利可图。

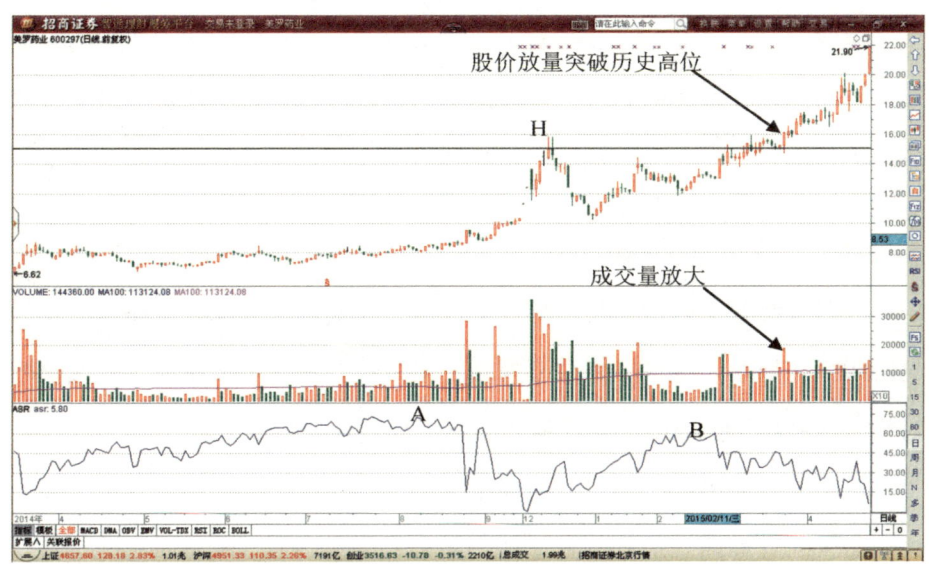

图 7-3 美罗药业日 K 线图

实战要点：

1. 从价格走势来看，从价格表现来看，图中股价震荡上行的时候，我们能够看出指数已经突破了历史高位。股价表现强势，这是该股第二次突破后的有效买点。前期 H 位置的高位是典型的假突破位置，但是为接下来股价突破历史创造了机会。

2. 当成交量有效放大的时候，我们发现该股的突破是具备一定基础的。图中量能虽然不高，却可以支撑价格上行。那么我们不应忽视这样的交易机会。稳定的成交量出现以后，股价更容易形成有效的突破。行情发展到这个阶段，交易机会不容忽视地会出现。

165

3. 从 ASR 指标的表现来看，图中 A 位置已经处于高位运行，表明浮筹已经很多。价格虽然强势反弹，却没有有效突破历史高位。接下来图中 B 位置继续出现了 ASR 指标的高位信号的时候，我们发现这正是价格突破的机会。股价突破 B 位置的高浮筹区域，价格顺利突破了历史高位。

本段小结：日 K 线图中股价突破历史高位，我们能够发现有效的突破信号。当然，如果我们看一下分时图中的价格表现，更容易得出价格强势运行的结论。

突破期间交易机会解读

当股价有效突破历史高位的压力区时，我们可以考虑在价格强势反弹的时候买入股票。价格反弹效率越高，股价反弹速度也会越大。那么这个时候，如果我们把握好价格反弹的买点，自然盈利会很多。

价格结束调整的时候，分时图中典型的反转形态，提供了非常可靠的建仓信号。这种建仓信号不容忽视，而买入股票以后，放量回升的走势会为我们带来收益。分时图中我们可以很容易发现价格反弹走势。反弹速度越快，价格短时间内涨幅越大，成功追涨以后自然获得收益。分时图中股价探底回升，反应在日 K 线图中为明显的突破历史高位的情况。

实战要点：

1. 从价格走势来看，当我们发现价格在分时图中完成反转走势的时候，图中量能明显放大，显然能够支撑股价上行趋势。这样一来，我们有很好的买涨和盈利机会。

2. 图中 KDJ 指标的表现来看，该指标在图中显示的位置继续回升，表明该指标已经处于很强势的涨停。KDJ 指标处于 80 附近以后，显示已经出现超买的情况。不过该股走势稳健，这种超买恰好为价格突破提供

第七章
分时图看历史高位突破买点

图 7-4 美罗药业日 K 线图

了机会。

本段小结：当我们通过分时图中价格技术性反弹判断买点以后，就可以在日 K 线价格突破历史高位时买入股票。价格突破的过程很快，分时图中股价快速上行，我们很快就能盈利。

第三节　尾盘拉升介入买点

分时图中，尾盘拉升期间我们追涨买入股票的风险很大。不过考虑到日 K 线图中价格走势稳健，并且已经明显靠近历史高位，那么历史高位的压力区做空力度不大。即便分时图中股价尾盘放量回升，我们追涨买入股票依然能够获得收益。价格在尾盘加速回升，这种回升趋势可以延续到接下来的交易日,这是我们追涨的关键。

突破阶段价格走势分析

在分时图中,我们发现价格突破的走势并非出现在上午盘中,而是收盘前出现了飙升情况。股价表现非常强势,放量之后价格轻松突破了历史高位。从交易机会来看,尾盘拉升为价格突破历史高位创造了条件,是我们买入股票的重要看点。

日K线图中,股价已经接近了历史高位,但是还缺少大阳线来确认突破信号。而分时图中股价放量走强,便是不错的提示信息。即便这期间的量能放大不高,考虑到价格连续上涨的多头行情,我们继续持股都有机会获得不错的回报。

图 7-5 奥康国际日K线图

实战要点:

1. 从价格走势来看,该股回升趋势还是非常明显的。前期股价震荡上行，调整次数较多但是历次回调股价跌幅有限。这样看来，股价具备了明显的上升潜力，我们关注该股的动向，显然能够更好地获得价格上涨带来的回报。

2.从成交量的变化来看，图中量能开始萎缩期间，价格已经接近了拉升高位。量能处于100日等量线附近，这也为价格上涨提供了支撑。综合来看，该股表现还是非常好的，我们有理由相信，该突破历史高位的过程中，买点已经形成。

本段小结：股价突破历史高位是回升趋势的延续，这提示我们多头趋势进一步发展，我们继续持股的盈利空间还是很高的。一旦我们持有股票，自然可以继续盈利。

突破期间交易机会解读

在股价突破历史高位的过程中，交易机会出现在价格上涨期间。分时图中股价放量走强，是突破历史高位的重要基础。不管股价何时开始上攻，量能的放大都必不可少。笔者看来，有效把握放量信号，我们才能够在恰当的时间里介入反弹走势中。

分时图中，价格走势比较强，多头行情一触即发。这个时候，持续放大的成交量非常关键，而价格走势强势，也是价格上涨的重要因素。主力控盘强势就表现在盘中价格突破阶段。交易机会形成的时候，价格很容易被主力控制。收盘前强势上涨，我们尽快介入，可以获得较好的投资效果。

实战要点：

1.从价格走势来看，分时图中价格表现非常强势，但是尾盘还是出现了明显的放量拉升情况。可见，该股的走势非常强势，而尾盘股价放量上行，的确为投资者提供了不错的建仓时机。如果我们已经考虑介入，尾盘期间

图 7-6 奥康国际日 K 线图

的盈利自然也会获得。

2.从图中 L 位置的成交量表现来看，量能维持在 100 日等量线上方，这是价格表现强势的信号。量能虽然不高，但是足够推动价格突破历史高位。这个时候，稳定的放量对价格持续走强至关重要，我们不应忽视。

3.从图中 RSI 指标的表现来看，该指标已经在股价回升期间上行，并且已经接近了 80 附近的超买状态，这是推动价格上行的重要因素。价格表现还是比较好，股价顺应回升趋势突破高点，追涨买入股票以后，我们的盈利速度很快。

本段小结：分时图追涨操作非常重要，这是我们把握最佳买点的关键。当然，量能稳定可以成为价格上涨的重要因素，我们需要在成交量稳定的情况下介入，这样可以更好地获利。

第四节　跳空回升的买点

当股价突破历史高位的时候，跳空回升的涨停阳线是非常可靠的建仓信号。涨停阳线的运行趋势非常明确，价格突破力度也很大，是我们可以把握好的建仓交易机会。涨停阳线一旦出现，我们可以马上买入股票。如果我们在价格突破的那一刻建仓，大阳线完成的当日就能够盈利。而股价突破了历史高位以后，我们持股期间的盈利空间很快放大。

突破阶段价格走势分析

出现跳空上涨的走势，是价格表现强势的反映，这个时候我们介入，能够获得较好的回报。特别是当价格已经接近了历史高位，跳空走势能够轻松确认突破信号，为投资者带来不错的交易利润。事实上，这种投资回报是不容易忽视的。如果我们马上买入股票，将来的盈利会非常丰厚。

缺口上方价格走势较强，特别是突破意义的缺口出现以后。价格在历史高位附近出现跳空缺口，验证了多头趋势。股价从历史高位继续震荡上涨，买入股票的机会还是非常好的。如果我们确认缺口的支撑效果较好，买入股票的风险就会小很多。而价格突破历史高位以后，历史高位的压力转变为支撑，这也为投资者买入股票提供了很好的机会。

实战要点：

1.从价格走势来看，图中Q位置是价格第二次突破历史高位，显示价格走势还是很强的。突破有效，跳空缺口之上我们可以尽快买入股票。股价在第二次跳空上涨并且突破历史高位的时候，买入股票自然盈利。

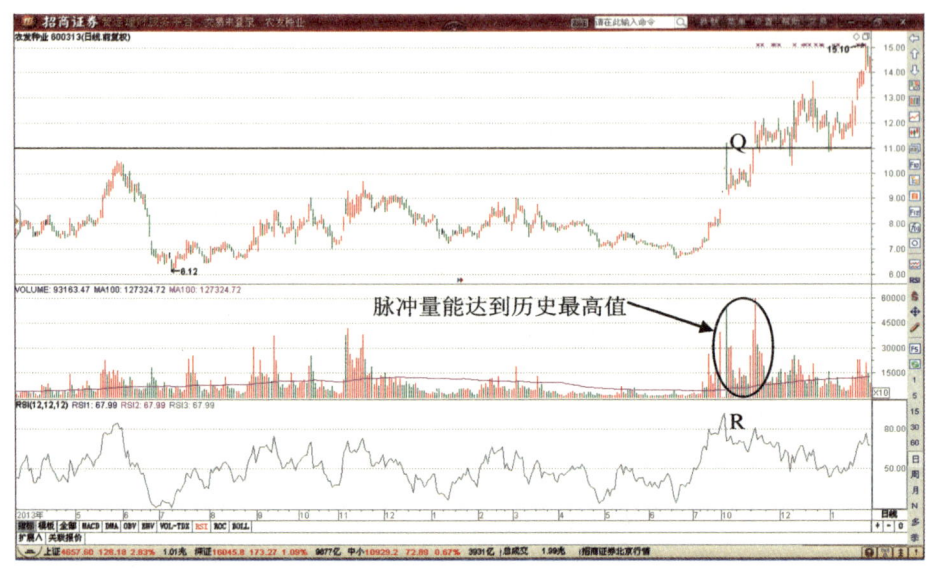

图 7-7 农发种业日 K 线图

2.从成交量来看,图中量能脉冲期间,已经是股价有效放量突破的重要信号。价格表现还是非常强势的,我们据此判断突破有效,可以在价格调整期间买入股票。

3.图中 RSI 指标在价格反弹期间回升到 R 位置的高点,这是指标超买的信号。指标超买表明价格走势较强,显示价格突破力度较大。短线超买不影响价格回升趋势延续。

本段小结:实战当中,跳空缺口出现对于价格回升至关重要。如果缺口出现在明显的压力位,那么缺口的突破效果就非常好了。一旦我们在这期间持股,自然是有利可图的。

突破期间交易机会解读

日 K 线图中的跳空上涨缺口,表现在分时图中是明显的高开回升走势。我们能够发现,分时图中的高开能够支撑价格上行。那么实战当中,在分时图中高开阶段买入股票,自然也是不错的机会了。

分时图中,股价放量运行在价格高位的时候,股价大幅回升便是重要的看涨信号。即便我们没能在股价放量回升期间建仓,也应该在日K线图中股价上涨的时候买入股票。缺口之上,价格走势较强,即便是高位建仓风险都不会太大。

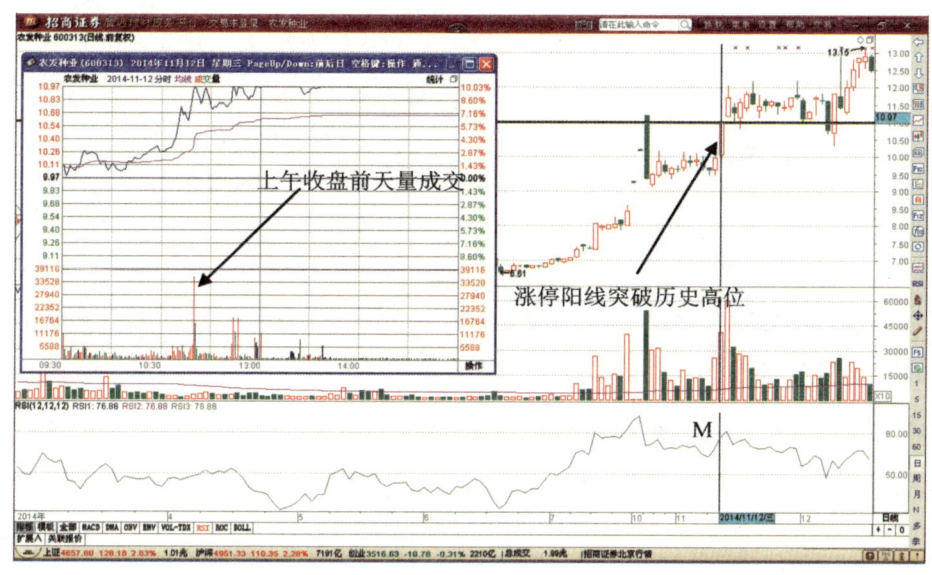

图7-8 农发种业日K线图

实战要点:

1.从价格走势来看,分时图中股价高开回升,半个交易日内股价就已经涨停。这表明,分时图中的放量拉升效果非常好,特别是天量成交量处于爆发的时候,该股涨停已经是必然趋势。

2.日K线中价格涨停突破了历史高位,突破效果非常有效。股价上涨趋势难以逆转的情况下,既然我们发现了支撑阳线已经出现,早一点建仓的投资效果还是非常好的。

3.随着股价反弹,我们发现图中M位置的RSI指标已经处于高位,并

且是第二次达到超买状态,这是价格能够走强的重要信号。如果我们确认了股价强势表现,自然不能忽视这种机会。

本段小结:当我们确认了分时图中的价格强势,并且在日K线图中判断价格突破缺口已经形成,这期间买入股票建仓,就很容易盈利了。缺口形成以后,价格获得缺口提供的支撑,股价自然会实现较大的涨幅。

第五节 跳涨小十字星买点

十字星形态出现的时候,股价经常出现跳空走势,是股价加速运行的信号。收盘价格相对于开盘价格波动不大,这是十字星形态的重要特征。跳空回升期间,十字星形态表明股价加速上涨。如果我们在十字星出现以后买入股票,或者说在分时图中十字星即将形成的时候建仓,都有机会获得确定的投资收益。

突破阶段价格走势分析

当我们发现价格明显上涨的时候,突破历史高位的表现是我们关注价格走向的重要因素。回升趋势明显,而我们如果发现股价出现了明确的跳空,跳空以后必然应该追涨才能够获得较好的回报。

在成交量明显放大的情况下,股价跳空上涨的概率很高。一旦我们把握好交易机会,自然能够获得非常好的回报。跳空上涨的十字星非常典型,也是不可或缺的突破信号。交易机会就出现在十字星完成以后,显然我们不应忽视交易机会。十字星以后股价还是会继续上行,因为成交量的放大趋势未变,买涨后的盈利空间还是有的。

第七章
分时图看历史高位突破买点

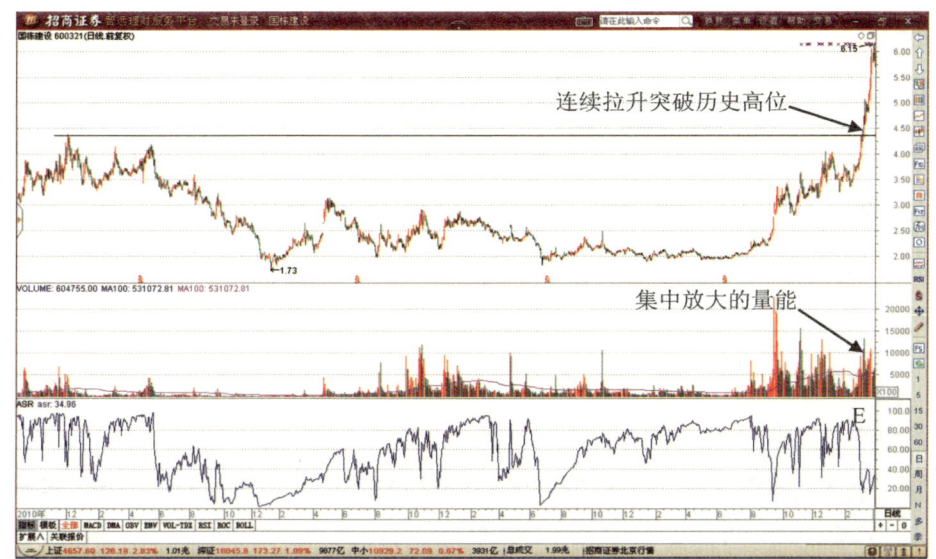

图 7-9 国栋建设日 K 线图

实战要点：

1. 从价格走势来看，当股价强势运行的时候，价格明显突破了历史高位，这是行情加速的信号。趋势得到验证的过程中，价格上行趋势很难逆转。我们追涨机会不多，快速建仓可以获得投资回报。

2. 从成交量来看，量能还是比较高的，这种价格上涨的重要推动因素。如此高的量能出现以后，价格突破历史高位就相对容易多了。

3. 图中 E 位置标注的 ASR 指标明显处于高位运行的时候，表明当前浮筹较多。股价脱离高浮筹区域，便是多头趋势加速的信号了。全面确认 ASR 从 E 点高位回调以后，就很容易确认追涨信号了。

本段小结：股价走势较强，浮筹指标 ASR 长时间处于高位运行，这是价格走势较强的重要信号。而随后股价脱离了高浮筹区域，我们买涨便可获得不错的回报。

突破期间交易机会解读

实战当中,我们可以通过分时图价格走势,确认股价突破信号。十字星出现的时候,股价在分时图中双向波动,价格具备一定的波动空间,而我们的交易机会就出现在股价完成十字星以后。

当分时图中我们判断十字星完成以后,可以考虑在接下来的交易日中追涨。价格波动空间加大,但是明显的涨幅还未出现。加速回升前,出现在历史高位的十字星形态,便是我们非常理想的建仓价位。如果我们把握好机会,始终可以提升盈利空间。

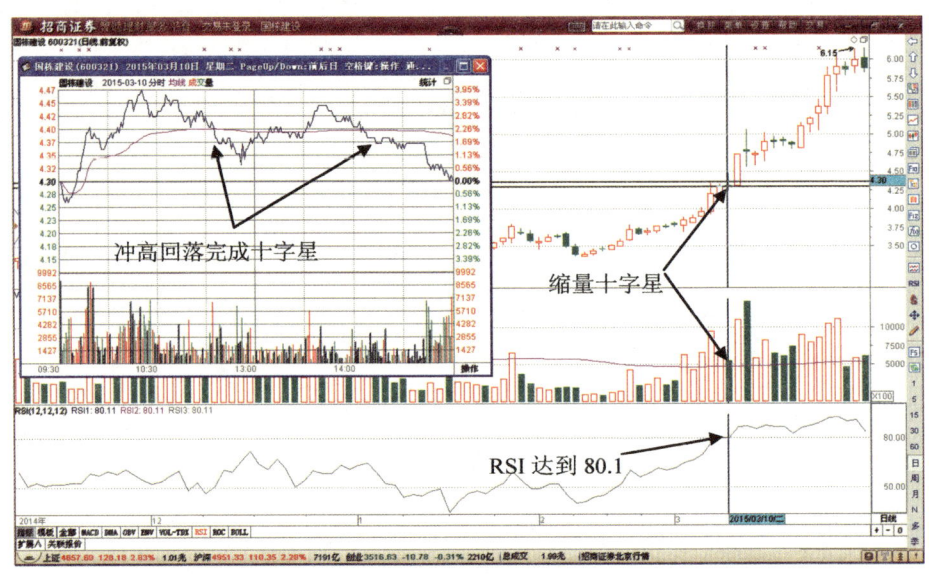

图 7-10 国栋建设日 K 线图

实战要点:

1.从价格走势来看,分时图中股价双向波动,该股数日盘中出现明显上涨,但是收盘之时却回落下来。可见,十字星形态已经得到确认,我们可以在收盘前确认这种价格走势。

2.当日 K 线图中成交量处于高位运行的时候,价格走势还是很强的。

这种强势放量能够推动价格回升。我们如果把握好交易机会，显然能够大幅度提升盈利空间。

3. 从 RSI 指标来看，12 日的 RSI 指标已经处于超买状态。并且，这种超买状态持续时间较长，显示价格回升潜力始终很大。对于这种超买状态，我们判断价格已经具备回升潜力。

本段小结：价格走势比较活跃的时候，十字星形态表明股价波动潜力较大。股价虽然还未大幅上行，但是十字星以后，放量运行的股价会再创新高。据此，我们买入股票可以有机会获得较好的收益。

第六节　大幅跳空突破买点

当股价接近历史高位的时候，突破走势越强，表明价格回升趋势越明显，短线回调空间就不会太大。这个时候，我们可以根据股价突破力度判断建仓机会。如果股价跳空上涨并且突破压力位，并且分时图中价格运行在涨幅较高的价位，那么我们确认突破非常有效。这个时候买入股票，我们有把握获得更高的回报。

突破阶段价格走势分析

在股价突破历史高位的时候，我们发现股价跳空力度越大，价格回升潜力也会更高。鉴于此，我们可以在恰当的时间里买入股票，以便提升盈利空间。而跳空上涨的价格走势，便是非常典型的买入股票的机会了。价格跳空上涨的力度越大，我们买入股票以后盈利空间也会更高。当股价跳空上涨完成大阳线形态的时候，我们应该毫不犹豫地开始买入股票。

事实上，再没有高开上涨的大阳线能够推动价格上涨了。如果我们判断正确，那么放量回升的大阳线形态确实是不错的买入机会，也为接下来我们的获利提供了很好的帮助。当我们确认了价格突破信号以后，趁机追涨建仓便是理想的操作了。

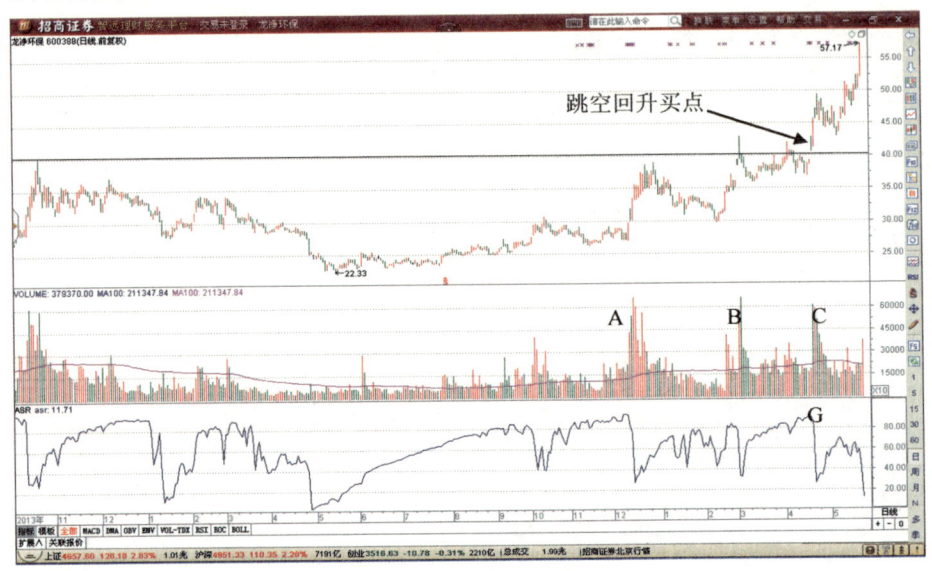

图 7-11 龙净环保日 K 线图

实战要点：

1. 从价格走势来看，日 K 线图中股价表现抢眼，价格以跳空回升的形式突破了历史高位。这期间，交易机会已经出现在历史高位。如果我们即刻追涨建仓，短线盈利空间较大。

2. 同分析成交量，图中 A、B、C 三个位置的量能明显出现了脉冲放大，股价也三次挑战历史高位压力区。尤其 C 位置的量能处于高位期间，股价以跳空突破的方式上行。短线买点很快出现在价格突破阶段。

3. 从浮筹指标 ASR 判断，图中 G 位置的筹码已经处于高位运行，短线突破压力较大。而该股跳空脱离高浮筹区域，表明突破非常有效。因此

第七章
分时图看历史高位突破买点

该股得以快速上涨。

本段小结：实际上，价格突破历史高位的次数越多，股价成功突破的概率就很高。特别是股价三次上攻历史高位的时候，第三次跳空突破历史高位，是非常好的买入股票机会。

突破期间交易机会解读

当我们确认股价出现跳空走势的时候，分时图中价格处于高位运行，我们有机会在尾盘期间买入股票。随着价格高位横盘的结束，跳空上涨成为价格突破历史高位的关键因素。如果我们适度建仓，必然能够获得比较高的回报。

实战当中，我们关注价格突破历史高位的交易机会，就有机会获得高回报。历史高位压力虽然较大，但是跳空上涨的大阳线形成以后，就将压力突破了。价格回升的阻力消失以后，推动股价上涨的动力增强。我们关注股价强势表现的同时，应该更好地把握建仓交易机会，提升盈利空间。

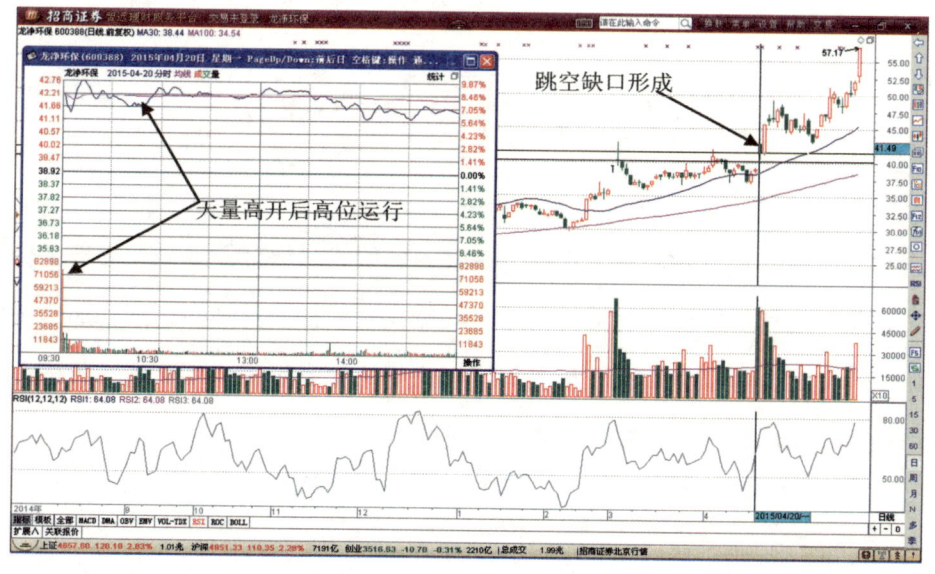

图 7-12 龙净环保日 K 线图

实战要点：

1. 从价格走势来看，分时图中股价高开运行的时候，我们发现该股的走势非常强势。这个时候，放量突破显然是有效的。即便在收盘前，我们也能够确认该股会出现跳空上涨的K线形态，这是价格突破压力位的表现。

2. 日K线图中显示，股价在跳空上涨的时候确认了回升趋势。一旦我们把握好买点，在价格跳空期间追涨，必然是能够盈利的。

3. 从RSI指标的走向来看，该指标短线反弹期间，正是股价跳空回升的时刻。指标运行在回升趋势，对价格突破的帮助很大。我们判断这种突破非常有效，追涨期间我们可以盈利。

本段小结：我们判断价格跳空突破压力位并不困难，寻找突破点也相对容易。如果确认股价上涨空间较大，并且有效突破压力位。这期间我们追涨买入股票，自然有利可图。

第七节　高位横盘追涨买点

在股价涨停以后，接下来的交易日中股价放量回升并且顺利突破了历史高位，这是价格继续上涨的信号。既然我们确认股价高开上涨，那么价格表现显然非常强势。接下来股价能够获得历史高位提供的支撑，价格上涨趋势得到延续，我们买入股票自然获得收益。

突破阶段价格走势分析

当股价强势运行的时候，跳空上涨的缺口会出现，这是交易机会形成

第七章
分时图看历史高位突破买点

的时刻。如果我们在跳空缺口以后买入股票，盈利的概率很大。跳空缺口表明价格快速走强，缺口上方股价获得支撑，如果成交量放大，回升趋势自然会加速。

针对跳空回升缺口，我们追涨可以盈利。分时图和日 K 线中体现的缺口形态都非常明显。如果我们不去追涨，价格将很快脱离缺口区域。交易机会稍纵即逝，我们追涨买入股票是必然的盈利途径。

追涨操作可以在分时图的中股价高开以后，买入股票后不会亏损，而接下来的交易日便可盈利。当然，根据日 K 线价格形态，我们也可以判断出接下来股价强势运行的特点。那么我们把握好买点，同样获利丰厚。

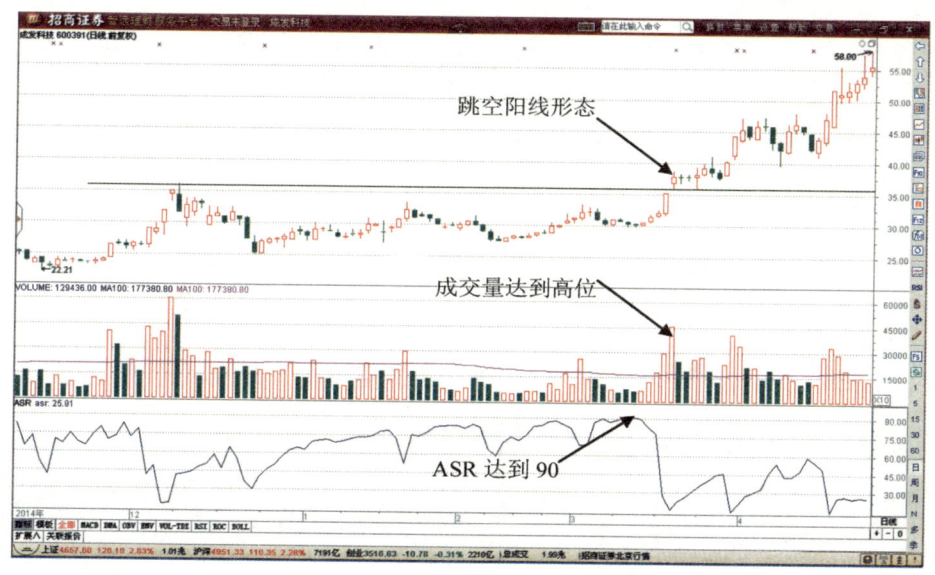

图 7-13 成发科技日 K 线图

实战要点：

1. 从价格走势来看，日 K 线图中股价第二次突破了历史高位，这是突破有效的信号。股价突破压力位，价格继续上行的回升趋势就会更加明确。如果我们这个时候买入股票，显然不会亏损。

2. 从成交量来看，股价跳空上涨之时，成交量明显达到高位。如此一来，股价自然会维持强势运行状态。我们不去追涨显然会错过盈利机会，追涨的话自然获利丰厚。

3. 从 ASR 的表现来看，该指标在图中位置达到了 90 的高位，是浮筹大增的信号。在价格跳空回升期间，浮筹指标快速回落，表明价格突破非常有效。这个时候，追涨的建仓交易机会显然已经形成。

本段小结：大阳线出现以后，跳空回升小 K 线出现，这是股价放量上行的信号。由于追涨的原因，没能在股价涨停期间买入股票的投资者继续追涨，导致股价出现跳空回升走势。我们关注价格突破历史高位的买点，建仓以后自然能够盈利。

突破期间交易机会解读

在价格高开上涨的过程中，我们发现股价并非被瞬间拉升到顶部。如果我们想要追涨建仓，还是有很多介入机会的。价格高位的跳空缺口出现以后，我们在确认缺口以后买入股票，收盘前可以获得利润。

当我们继续持股的时候，由于成交量继续放大，股价回升必然会带给我们回报。实战当中，由于价格走势较强，真实的交易机会不会频繁出现。我们早一些建仓，就能早一些获得利润。强势运行的股价为投资者带来不错的超短线交易机会，不过如果我们考虑在价格突破历史高位的时候买入股票，获利能够持续较长时间。

实战要点：

1. 从价格走势来看，分时图中该股高开后快速回升，价格表现非常强势。成交量在这个时候放大，有效推动价格上行。从买点来看，我们可以在价格表现强势的时候买入股票，当日盈利较小，但是接下来的交易日盈利会

第七章
分时图看历史高位突破买点

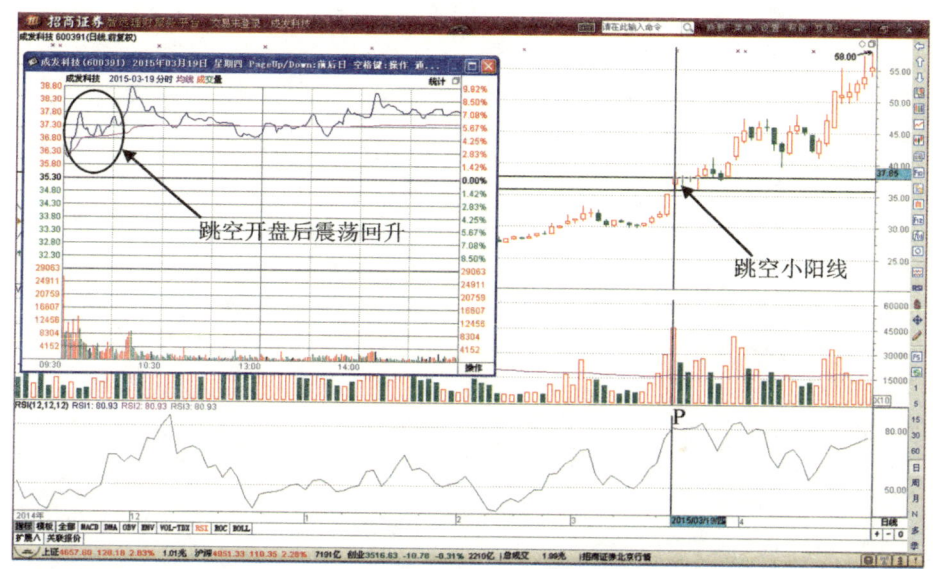

图7-14 成发科技日K线图

非常丰厚。

2.日K线图中来看，股价是以跳空上涨的形式高位运行的。这样看来，该股的表现还是非常抢眼的。特别是高开以后，股价可以延续这种回升状态，自然是我们不能忽视的交易机会。

3.从RSI指标来看，该指标已经在P位置达到高位，这是股价表现强势的信号。考虑到这一点，我们判断接下来价格的上行潜力还是很大。指标强势能够支撑股价上涨，为投资者带来不错的回报。

本段小结：大幅放量涨停以后，股价继续高开运行的时候，我们有很多把握好买点的交易机会。特别是指标回升和量能放大期间，我们可以追涨获得较好的投资回报。

第八章

历史高位假突破卖点分析

我们在追涨突破历史高位股票的时候，需要甄别那些不成功的突破形态。不成功的突破形态是价格短线见顶的信号，不值得投资者追涨买入股票。我们选择建仓时机，剔除不必要的假突破以后，自然能够获得稳定的回报。

假突破的种类较多，本章围绕无量冲高形态、双十字星形态、尾盘拉升形态、脉冲放量形态以及不坚定的状态走势，五个方面来说明假突破的情况。帮助投资者减少错误操作，提升盈利空间。

第八章
历史高位假突破卖点分析

第一节 无量冲高的卖点

在股价缩量回升期间,如果股价震荡回升并且已经接近历史高位,那么我们判断突破是无效的。因为成交量没有放大,缩量期间完成的突破走势很难成功。随着成交量的进一步萎缩,价格下跌的趋势得到进一步确认,我们应该赶快卖出股票应对价格回调走势。

突破阶段价格走势分析

当股价回升到历史高位的时候,压力总是会出现。价格能否突破历史高位,需要看成交量的放大情况。如果量能放大不足,股价将很难突破历史高位。股价缩量见顶历史高位,见顶过程可以很清晰,我们有足够的时间把握好历史高位的卖点。调整出现以后,我们需要以更快的速度卖出股票,在最短的时间里摆脱调整走势。

股价在历史高位附近见顶,做空压力出现,价格难以突破筹码峰压力区,尽快离场才能够减少损失。由于投资者大量出逃,使得历史高位附近筹码峰非常集中。随着调整的开始，股价跌破筹码主峰的时候，卖点就会出现。我们在这个时候卖出股票，是能够盈利的。

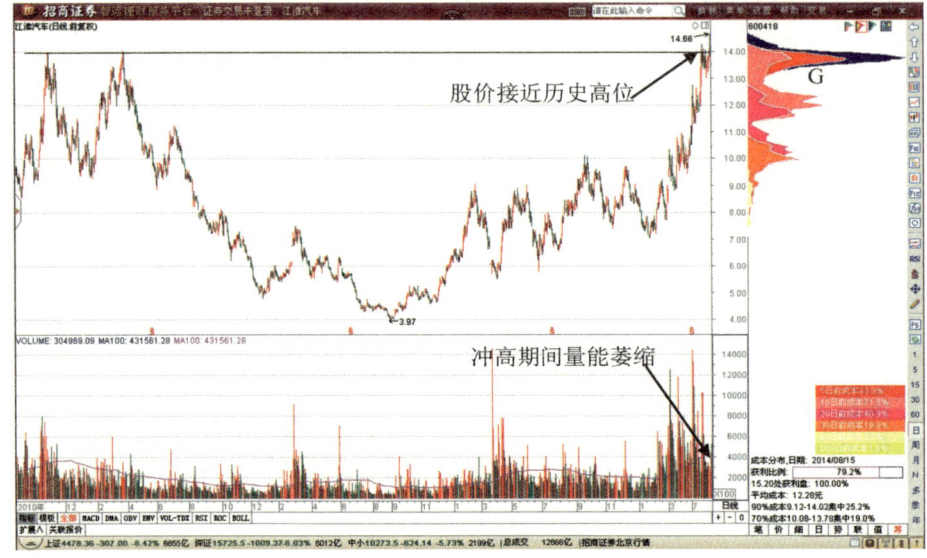

图8-1 江淮汽车日K线图

实战要点：

1. 从价格走势来看，股价震荡回升的时候，价格已经接近历史高位。这期间，股价涨幅显然到了重要的压力区。图中筹码峰G是该股回升阶段重要的筹码峰，是压制股价上涨的重要形态。如果股价没有明显放量上涨，这种压力区将很难被突破。

2. 图中成交量的表现来看，量能出现了萎缩的情况，这预示着股价难以有效突破历史高位压力位。我们只有把握卖点，才可能减少亏损。

本段小结：当筹码主峰出现在价格高位的时候，我们判断量能很难继续放大，可以考虑尽快降低持股数量。价格突破没有结果的情况下，回调走势出现，显然对我们的盈利构成威胁。短线减仓，我们减少很多不必要的损失。

第八章 历史高位假突破卖点分析

突破期间交易机会解读

价格明显达到历史高位附近的时候，通过简单的成交量放大情况判断价格走势，我们就很容易得出正确的结论。量能萎缩需要时间，而我们可以在价格回调前就发现卖点。量能无法支撑价格继续上行的时候，成交量逐步靠近并且跌破了100日等量线，卖点逐渐变得明朗。交易机会稍纵即逝，我们在最短的时间里把握好卖点机会，才能够降低持股风险。

量能在每个阶段出现萎缩，我们就在这个阶段的短线放量期间出货。价格短线短暂反弹不会改变股价下跌节奏，卖点形成以后，我们的交易机会自然出现。

图 8-2 江淮汽车日 K 线图

实战要点：

1.从价格走势来看，股价在见顶历史高位的时候，出现了图中 EFG 三个顶部形态。首次出现 E 位置的见顶信号，是成交来看首次出现明显萎缩的时候。接下来价格继续见顶了 F 和 G 位置，卖点机会得到确认。

2. 从成交量变化来看，E 位置价格调整对应了图中 A 位置的缩量成交量。图中 B 位置 成交量萎缩到 100 日等量线下方，价格因此调整更加明显，在图中 E 位置出现回落的情况。

3. 最后确认短线高位卖点的是图中 C 位置的缩量量能。成交量萎缩到 100 日等量线下方，提示股价已经见顶。我们把握好 G 位置价格高位卖点，可以降低投资风险。

本段小结：成交量萎缩到一定程度的时候，量能萎缩至 100 日的等量线下方，价格难以维持高位运行，股价自然见顶历史高位。

第二节　十字星见顶卖点

以冲高回落形式完成十字星 K 线形态以后，价格很难短时间内突破历史高位，那么我们应该在十字星出现以后减少持股，以便规避价格回落走势。如果股价回落速度较快，那么十字星是反转走势出现的起点，是我们考虑卖出股票的重要机会。错过十字星的卖点机会，我们持股遭受的损失就会很快放大。

突破阶段价格走势分析

十字星见顶价格高位，是非常典型的做空时机，股价在此时回落速度较快，是非常明显的卖点。十字星出现的时候，价格波动空间还是很大的。股价波动强度虽然高，却难以突破历史高位。

十字星出现前，成交量的萎缩就会出现。不然股价不会轻易见顶。而如果成交量的萎缩是长期的，那么价格会出现调整的情况。历史高位附近，是比较有效的压力位。而成交来看的萎缩还未停止，价格在历史高位见顶回落，以十字星的形式完成高位反转走势。那么随后我们把握好做空机会卖出股票，损失自然不会有。

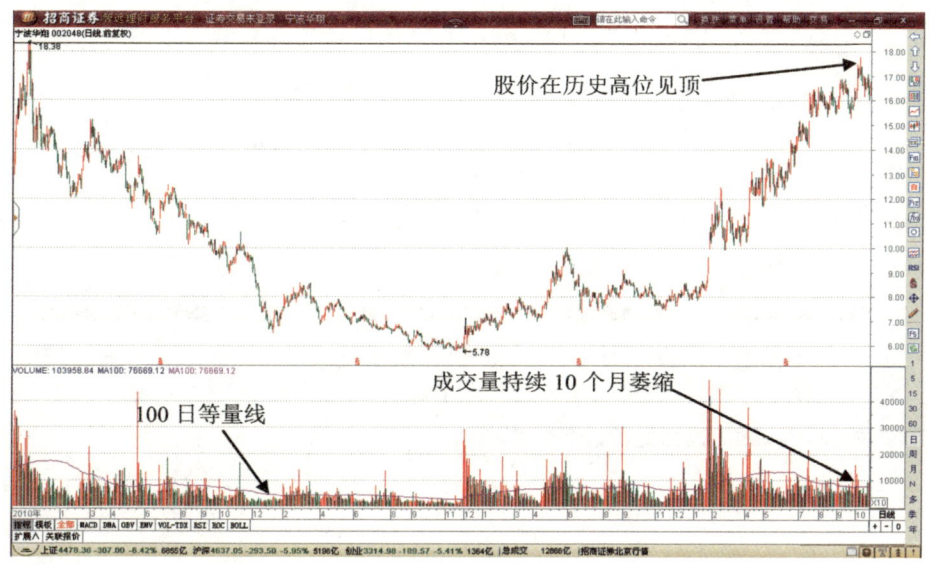

图 8-3

实战要点：

1. 从价格走势来看，价格回升到历史高位附近，但是回升速度减弱。股价难以有效拉升的情况下，图中历史高位附近的反转走势出现。

2. 通过分析成交量，我们发现成交来看早已经连续萎缩10个月。在过去的10个月里，最高量能萎缩到100日等量线附近。当100日等量线同步回调的时候，股价就见顶了历史高位。

本段小结：价格回升的过程中，成交量萎缩持续的时间较长，我们可以在股价见顶了历史高位的时候做空，这样有机会规避价格高位的抛售压力。既然成交量萎缩趋势难以逆转，我们选择成交量萎缩而100日等量线同步回落的是做空，显然可以规避风险。

突破期间交易机会解读

通过分析日K线价格缩量回升走势，我们能够发现卖点。而分时图中价格冲高回落更加明确，我们更容易减仓规避损失。价格在历史高位遇到阻力以后，分时图中多方努力放量拉升股价，却遭遇了重大失败。价格冲高回落期间，分时图中股价回调的卖点确认了做空机会。

从分时图来看，十字星的冲高回落走势，就是股价放量冲高失败的时刻。多方努力拉升股价，价格高位运行时间却非常短。如果行情就这样结束，我们也只有降低持股数量，才能规避投资风险。

图 8-4

实战要点：

1.从价格走势来看，当股价在分时图中放量冲高的时候，我们很容易被回升走势迷惑。上午盘中股价强势运行，但是量能萎缩以后，午后价格很快回落。可见，放量拉升不可能延续下来，价格在高位见顶的时候，我们的做空机会形成了。

2. 从成交量来看，日 K 线图中 C 和 D 位置的放量回落走势形成，这是行情逆转的信号。如果我们没能把握好十字星的卖点，自然会出现亏损。

本段小结：分时图中价格波动空间较大，股价冲高回落以后确认了做空机会。日 K 线图中十字星处于历史高位附近，这也验证了关于反转形态的结论。接下来我们考虑做空交易，将规避因为股价下跌带来的 20% 的损失。

第三节　尾盘拉升卖点

突破阶段价格走势分析

在股价回升阶段，如果股价高位强势运行，那么突破历史高位就容易成功。不过即便在股价突破历史高位以后，价格继续上涨也面临高位的抛售压力。毕竟，当价格长时间处于历史高位下方的时候，很多高价持股的投资者处于套牢状态。价格难以回升，一旦股价反弹到历史高位，高位做空压力总是会很大。

成交量集中放大的时候，虽然股价可以短线表现强势，但是反观指标却会出现背离的情况。背离形态一旦形成，价格强势运行的时间会缩短。也就是说，背离以后股价继续回升，只能出现价格冲高回落的折返走势。我们把握好价格折返的卖点，可以减少因此带来的损失。

实战要点：

1. 从价格走势来看，从价格走势来看，该股已经突破了历史高位，并

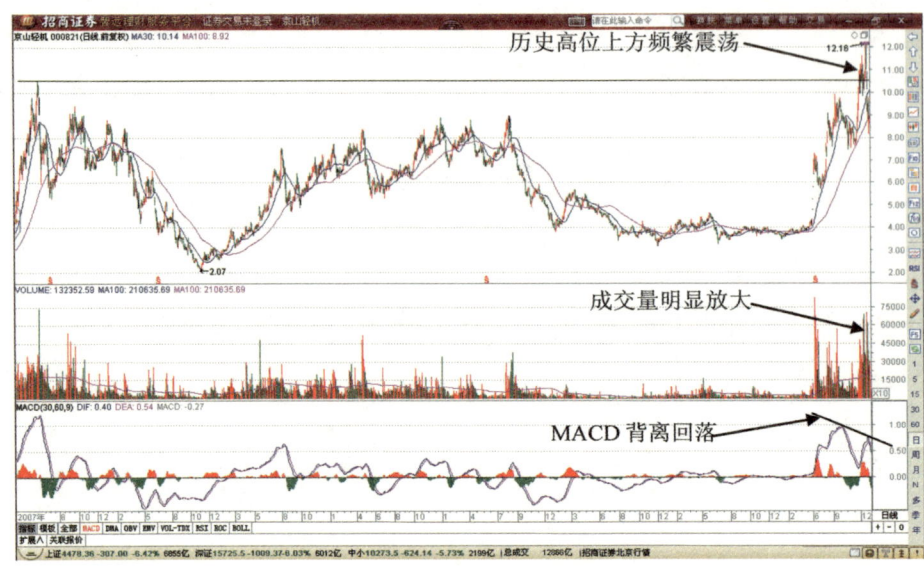

图 8-5 京山轻机日 K 线图

且在历史高位上方震荡。这表明，多头趋势很可能延续下来，股价上行走势可以持续。

2. 通过分析成交来看情况，我们发现成交量短线放大，但是这种量能放大是不规则的。如果这种不规则的放量这样延续，该股难以出现明显的回升。

3. 图中 MACD 指标在股价上涨期间回落，显然是背离形态出现的信号。MACD 指标的 DIF 线与价格上涨形成背离，是反转走势出现的信号。

本段小结：在背离形态出现以后，价格很难继续上行。这期间，一旦我们发现股价短线强势表现与指标背离，应该马上减少持股数量。背离后的价格回调会非常明显，减少持股可以降低投资风险。

突破期间交易机会解读

通过分析分时图中价格走势，我们发现尾盘拉升的个股多数没能继续

第八章
历史高位假突破卖点分析

上涨。也就是说，尾盘拉升以后，主力不会继续拉升股价上涨。那么这期间我们应该尽可能减少持股数量，以免在调整出现的时候遭受损失。

投资者都有追涨买入股票的习惯，但是价格能否继续上涨，是我们判断追涨机会的重要条件。如果股价没能在接下来的交易日中回升，我们也就没必要追涨了。强势股票在开盘阶段就表现抢眼，而若是股票只有在尾盘才会表现强势。特别的情况下，主力在下午盘放手拉升股价，以至于股价短时间内封死涨停价。

在尾盘拉升股价涨停，由于交易时间已经减少，主力不会担心涨停板打开。这个时候，主力拉升是处于出货考虑，而不是真要持续拉升股价上涨。那么我们开始关注这种价格尾盘涨停的情况，减少持股可以规避风险。

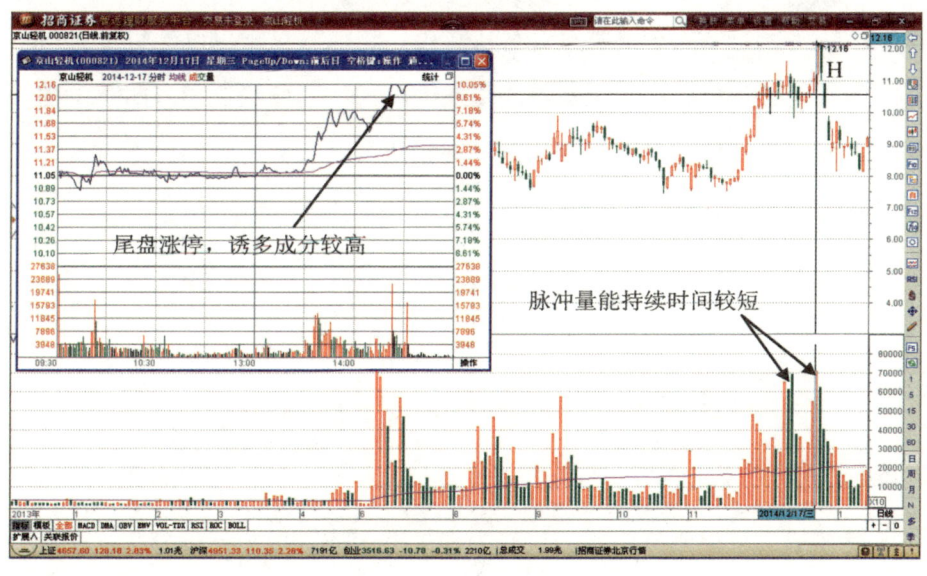

图 8-6 京山轻机日 K 线图

实战要点：

1. 从价格走势来看，日 K 线图中 H 位置股价冲高回落，看似能够涨停的价格走势，却以冲高回落结束。很明显，即便股价处于历史高位上方，

这种抛售压力依然存在。股价假突破历史高位，却在冲高期间失败。价格出现了涨停失败的反转走势。

2.从分时图来看，该股上午盘中表现一般，价格处于横向运行状态，几乎没有任何涨幅。但是午后开盘半小时，该股开始放量上行，并且在收盘前半小时顺利涨停。不得不说，主力显然不想引起投资者关注。尾盘拉升的时候投资者关注情况降低，抛售压力减轻有助于价格顺利涨停。

3.通过分析日K线图中价格走势，我们发现股价回升期间，成交来看脉冲放大。量能虽然较大，却是短线情况。当股价冲高回落的时候，成交来看再一次快速萎缩，这是下跌趋势出现的信号。

本段小结：当我们确认分时图中股价尾盘上涨，那么我们就应该考虑高位做空了。量能无法继续维持高位运行，短线放量难以改变价格见顶走势。当我们发现价格尾盘上涨不能阳线的时候，即便股价还未回落，我们应该考虑减少持股数量。当价格真的开始回落的时候，我们的持股风险就降低很多。

第四节　脉冲放量拉升卖点

脉冲成交量出现的时候，价格表现虽然强势，但是很难维持这种强势状态。而如果我们确认股价接近历史高位，并且分时图中冶出现了脉冲放量的回升走势。我们应该考虑减少持股，以便应对价格回落走势。脉冲放量结束，价格必然回落，我们只有减仓才能够应对假突破走势。

第八章 历史高位假突破卖点分析

突破阶段价格走势分析

在股价接近历史高位的时候，我们发现脉冲放量的情况，股价很难在脉冲量能出现以后继续上行。脉冲成交量持续时间短，却很难长时间延续。随后股价出现回落的情况，是脉冲量能无法继续放大的结果。实战当中，我们应该尽可能地减少持股数量，在股价还未回落的时候规避风险，才能够从容地应对调整走势。

日 K 线图中可以出现脉冲量能，分时图中也会出现。这两种情况的脉冲放量都不能促使股价持续回升。特别当成交来看开始萎缩的时候，股价就会快速回落了。通过日 K 线图中价格一贯的表现，我们发现脉冲成交量是不能持续的。前期脉冲量能持续时间较短，而接下来再次出现脉冲放量的情况，这也是价格难以继续上涨的信号。

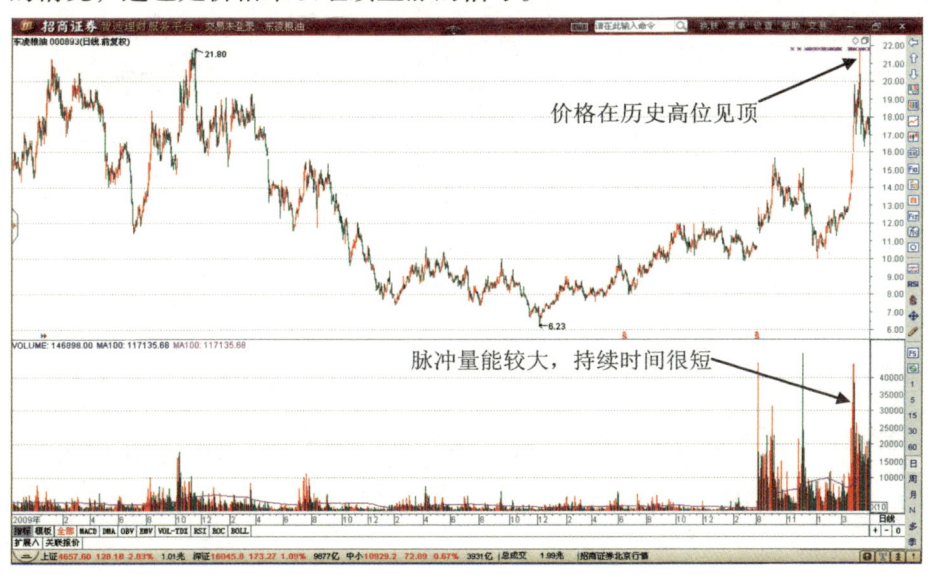

图 8-7 东凌粮油日 K 线图

实战要点：

1. 从价格走势来看，图中股价库开始回升的时候，价格已经接近了历史高位。这种回升速度很快，股价短时间内被拉升到历史高位。

2. 从成交量的表现来看，图中成交量短时间内快速脉冲，使得股价表现非常抢眼。那么我们在这个时候买入股票，显然风险是很大的。

本段小结：当成交量达到天量时候，脉冲成交量达到高位，这是价格超涨的表现。一旦成交量出现萎缩，股价很容易出现调整的情况。接下来，我们应该避免在价格高位持股，减少因为缩量回调带来的损失。

突破期间交易机会解读

当我们发现日K线图中出现脉冲放量走势的时候，也应该同时关注价格高位回调的风险。特别是分时图中出现了脉冲放量的时候，价格短线表现强势，却难以继续回升。如果成交量放大持续时间很短，我们继续持股的风险很大，不如快速减仓更能减少调整带来的亏损。

在开盘阶段，成交量快速放大能够吸引很多投资者关注。如果这种放量持续时间很短，但是量能却很大，股价可以冲击涨停板。开盘涨停的个股通常是走势很强的，但是能否涨停就看主力的意愿了。如果主力不打算拉升股价，而只是拉升股价吸引散户的关注，那么价格不可能封死涨停价。

开盘短线放量回升的情况下，脉冲量能只能使股价短线上涨。我们在这个时候追涨，被套牢的风险很大。实战当中，与其说追涨买入股票，倒不如在价格无法涨停的情况下减仓。多头趋势都是在无法延续的时候结束的，这是我们需要关注的地方。

实战要点：

1.从价格走势来看,分时图中股价表现强势,但是短线上涨很快就结束。股价回升速度较快，该股涨幅很快达到了涨停价附近。如果我们判断股价已经见顶，那么缩量回调将是不错的卖点了。

第八章
历史高位假突破卖点分析

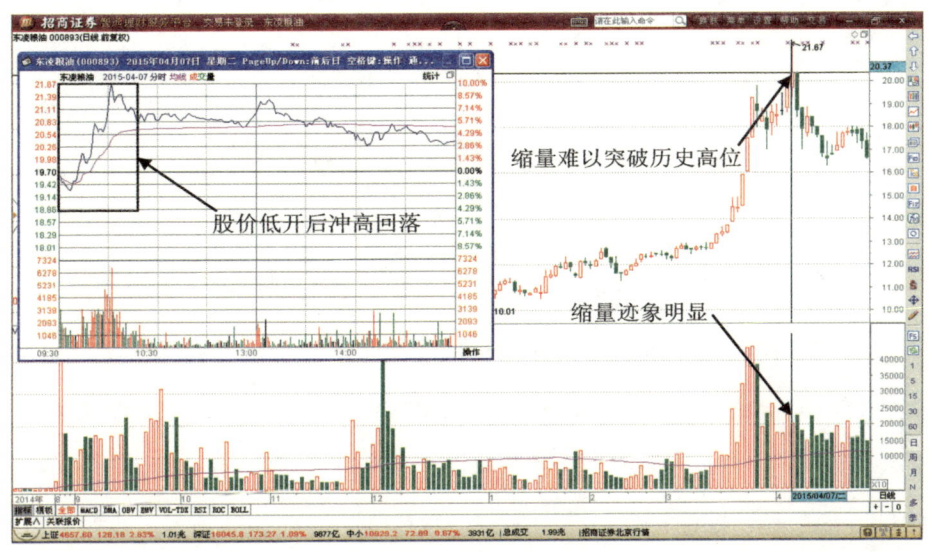

图 8-8 东凌粮油日 K 线图

2. 当日 K 线图中股价短线强势反弹的时候，我们发现股价难以继续上涨。在量能已经萎缩的情况下，这种短线回升只能看作反弹走势。特别是当股价涨幅接近了历史高位以后，这种反弹走势结束。后续价格还是会继续回落，直到调整结束为止。

本段小结：当日 K 线图中量能已经萎缩以后，股价很难继续突破历史高位。特别是分时图中价格表现强势，却以冲高回落结束了回升走势，这是非常典型的反转信号。如果我们已经意识到这种反转形态，那么减少持股是非常必要的。如果不去减仓，股价从历史高位折返以后，价格下跌潜力较大，我们遭受的损失也更高了。

第五节　不坚定涨停的卖点

实战当中，如果价格走势很强，那么涨停板就会出现。判断涨停是否能够延续，我们可以通过涨停后成交量变化来看。如果涨停后大量资金出逃，并且股价频繁脱离涨停价格，那么多头趋势将很难延续。特别在股价即将突破历史高位的时候，这种分时图中涨停不坚定的情况出现，是投资者减仓的信号。即便价格已经突破历史高位，短线回调依然不可避免。

突破阶段价格走势分析

当股价放量上涨的时候，我们发现天量成交量出现，并非是价格上涨的唯一条件。特别是价格已经接近历史高位的情况下，天量成交量出现的时候，很可能是抛售压力增加的时刻。如果抛售压力不大，那么主力只需要少量资金便可拉升股价涨停。不过，抛售压力增加以后，主力用更多的资金来应对投资者的抛售，这个时候的量能很高。当然，量能达到天量的时候，是空方快速卖出股票的结果。如果主力在这个时候没能继续用更多的资金拉升股价，价格回升走势不可能延续。

结合分时图中价格走势，当我们发现股价很难表现得更加强势的时候，调整便是容易出现的情况。历史高位的做空压力较大，天量成交却不能促使股价继续上行。我们根据价格表现判断做空交易机会，就很容易获得成功。通常，股价一旦从历史高位回落，下跌节奏会很快。股价下跌空间较大，如果没能顺利减仓，价格高位回落期间我们遭受的损失会相当大。

第八章
历史高位假突破卖点分析

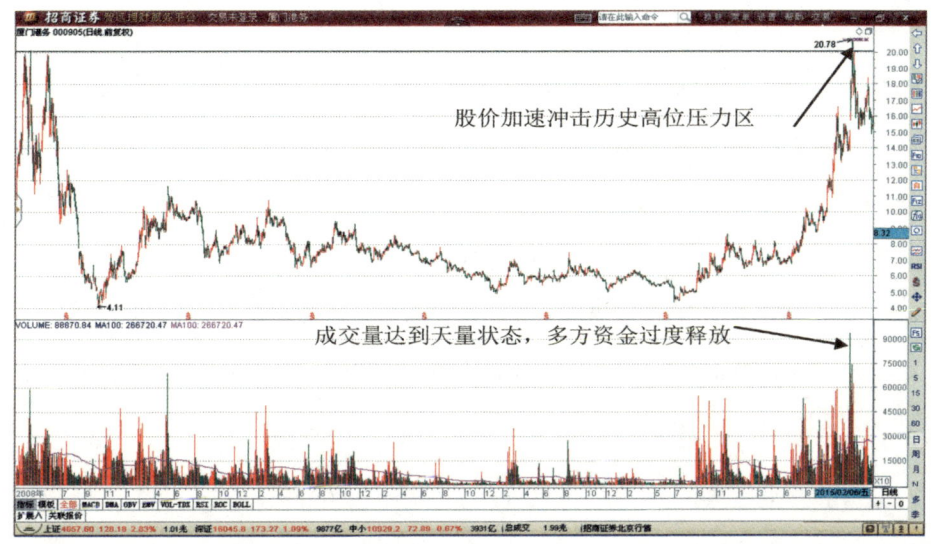

图 8-9 厦门港务日 K 线图

实战要点：

1. 从价格走势来看，该股长时间内回升空间较大，而股价接近历史高位的时候，做空压力已经形成。这期间，如果我们没能发现价格高位的卖点，就会遭受一定的损失了。

2. 从成交量判断，量能虽然达到天量，却不是股价继续上涨的信号。天量成交出现在价格高位，多空双方争夺非常明显。通过分析股价走势，我们能够很好地挖掘到交易机会。

本段小结：历史高位的压力总是很大，而股价涨幅达到历史高位的时候，见顶形态还是很多的。一旦我们把握好价格高位反转期间的卖点，及时降低持股数量可以避免损失。

突破期间交易机会解读

股价突破历史高位的时刻，成交来看有效放大，这是价格上涨的重要基础。成交量放大越是明显，股价上行趋势就越能延续。如果我们发现回升趋势已经不能持续，那么考虑做空是非常有必要的。

在价格难以继续上涨的情况下，即便是分时图中出现涨停走势，我们都不能继续持有股票。涨停板出现的时候，股价可以维持在涨停价，当然也可以从涨停价位回落。如果股价涨停却不能封死涨停价，我们应该考虑减少持股数量，以便降低投资风险。多头趋势就是在价格难以涨停的情况下出现。分时图中股价打开涨停价，抛售压力增加，股价从高位回落的时候，价格将很难继续上行。

如果不坚定的涨停走势出现在历史高位附近，我们就应该考虑减仓操作了。

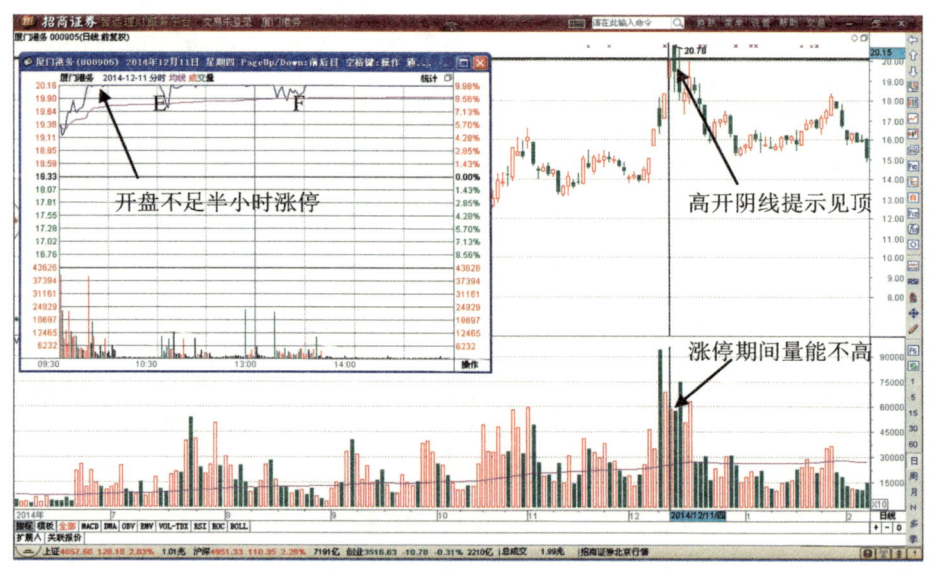

图 8-10 厦门港务日 K 线图

实战要点：

1.从价格走势来看，日 K 线图中股价快速回升，涨停走势出现在成交量萎缩的情况下。前期股价涨幅较大，这期间的缩量涨停显然不是追涨的机会。潜在的风险很可能已经出现，我们需要密切关注价格动向。

2. 分时图中价格涨停速度很快，不足半小时股价已经在涨停价位。不过盘中涨停板不断打开，抛售压力很大。这表明，当股价上涨并且接近历史高位的时候，这种价格走势很难延续，我们减仓操作还是非常有必要的。

3. 考虑到成交量的表现，我们发现股价涨停期间量能开始萎缩，这便是价格无法继续上行的信号。即便我们这期间的盈利空间不高，考虑减仓都非常必要。

本段小结：在价格突破历史高位前，股价涨幅较大本身就是超涨的信号。而分时图中股价无法维持涨停价格，便是行情逆转的信号。在价格回落前减仓，我们可以规避调整风险，同时降低了投资损失。

参考文献

趋势交易秘诀.[美]A.J.蒙特,[美]里克·斯沃普 著；张曼 译.2015-1.山西人民出版社

筹码分布精讲：从入门到精通.朱树健 编著.2013-3.化学工业出版社

股市技术指标实战：原理、方法、技巧与实践.李文强编著.2015-5.电子工业出版社

股市投资资金管理与止损止盈技巧.雷冰著.2013-1.中国宇航出版社

形态交易精要–揭秘蜡烛线组合形态.（美）派斯温托,（美）久弗拉斯 著,张意忠 译.2010-8.万卷出版公司

分时战法精要：如何捕捉分时图启动点.鲁斌 著.2013-9.中国经济出版社

炒股入门与技巧.钟双德.2010-11.中国画报出版社

股票作手回忆录.（美）杰西·利弗莫尔 著,马晓佳 译.2012-1.中国青年出版社

后 记

仅交易活跃的股票，避免介入那些运动缓慢，成交稀少的股票！

——江恩

当有机会获利时，千万不要畏缩不前。当你对一笔交易有把握时，给对方致命一击，即做对还不够，要尽可能多地获取。

——索罗斯

我们也会有恐惧和贪婪，只不过在别人贪婪的时候我们恐惧，在别人恐惧的时候我们贪婪。

——巴菲特

历史高位是牛股前进的起点，是投资者买入股票战胜股指的起点。

牛股有牛股的突破力度，历史高位之上，是牛股带来高收益的地方，是我们的主要资金投向。

专注证券图书出版 15 年

国内专业的证券图书出版商

我们不只是卖书，也不仅仅是出版！
欢迎搜索关注"舵手图书"定制出版、投资者教育……
更多增值服务等着您。

更多增值技术资料请扫描微信二维码
添加舵手图书微信订阅号

舵手证券图书天猫店铺：https://bjwyts.tmall.com

读者信息反馈表

亲爱的读者：

感谢您选择了舵手证券图书出版的这本书！为了今后能给您提供更多、更好的服务，对于您提供的建设性意见我们定会在后续出版中认真吸纳。通讯地址：北京市朝阳区甜水园北里16号楼475室，010-65934271；E—MAIL：bjwywh243@126.com。

1. 您从哪里第一次听说本书的？

□书店演示　　□广告　　□网上　　□别人推荐　　□课堂

2. 您对本书的总体感觉：

□对图书内容满意　　□对图书装帧满意　　□一般　　□都不满意

3. 您购买本书的决定因素是：

□内容　　□价格　　□书名　　□作者　　□出版社

4. 您希望本书可以增加那些内容：

（1）_____

（2）_____

（3）_____

（4）_____

再次感谢您填写此问卷！您的意见对我们非常重要！若您需要投稿或了解舵手证券的最新动态，欢迎关注我们的微信公众号（duoshoutushu）。